고시원 창업
분투기

고시원 창업 분투기

1판 1쇄 발행 2025년 5월 30일

저자 주식회사 휴식

교정 남상묵 **편집** 문서아 **마케팅·지원** 이창민

펴낸곳 (주)하움출판사 **펴낸이** 문현광

이메일 haum1000@naver.com **홈페이지** haum.kr
블로그 blog.naver.com/haum1000 **인스타그램** @haum1007

ISBN 979-11-7374-080-0(03320)

국내 유일의
프리미엄 고시원 프랜차이즈 기업과 함께하는

고시원

창업 분투기

주식회사 휴식

하움

프롤로그

행복한 가정은 서로 닮았지만, 불행한 가정은 모두 저마다의 이유로 가난하다. 같은 관점에서 부자들은 모두 비슷한 이유로 부자이지만, 가난한 사람은 모두 저마다의 이유로 가난할 수밖에 없다. 부자까지는 아니지만 대부분의 사람은 지금보다는 좀 더 풍족한 삶을 갈구할 것이다. 이 책에서는 그런 사람들의 욕망을 채울 수 있는 도구로 고시원을 추천한다.

동시에 이 책은 내가 업계에 몸담은 내내 가졌던 궁금증에 대한 결정판이다.

고시원은 과연 투자할 만한 상품인가? 다른 수많은 투자처에 비해 압도적으로 비교우위에 있는 최고의 투자상품인가? 나도 기꺼이 투자하고, 내 자식에게도 투자를 권유할 만한 그런 투자처인가? 그에 대한 대답은 '그렇다'이다.

이 책 전반에 걸쳐 난 혼신을 담은 구라로 고시원이 정말로 좋은 투자 대상이라고 말할 참이다. 그리고 앞으로의 미래를 준비하기 위해 좋은 투자처를 찾고 있는 사람들에게 더 이상 여기저기 기웃거리지 말고, 고시원 창업을 알아보라고 꼬실 참이다.

고시원은 퇴직한 나이 많은 백수, 직장을 다니며 탈출을 꿈꾸는 월급쟁이, 20년 동안 집안일만 하던 주부 등 누구나 시작할 수 있다. 이 말인즉슨, 고시원은 남는 게 시간인 사람이 전업으로 할 수도 있고, 바쁜 직장인도 투잡으로 얼마든지 할 수 있다는 것이다.

다만, 개나 소나 참여하는 고시원 시장에서 처음에 기대했던 이익을 지속적으로 거두려면 그만큼의 노력은 해야 한다. 고시원은 투잡으로도 가능할 만큼 일이 적다. 일주일에 2~3번 청소하고 관리하면서 운영할 수 있다. 실제로 그렇게 운영하는 사람들이 대다수다.

그러면 새로 창업하는 사람도 그럴 수 있지 않을까? 그렇다. 당연히 그렇다. 그런데 그렇게 기존 창업자들이 하던 대로만 하면서 높은 수익을 기대하면 도둑놈이다. 적어도 기존 운영자들보다 1시간은 더 들여서 청소도 더 깨끗이 하고, 시간을 들이고 머리를 써서 어디에서 고시원 입실자들을 꾀어올지 생각하고 마케팅을 해야 한다. 필요하다면 과감하게 돈을 들여 광고할 필요도 있다. 평소 청소하는 게 체질인 사람이면 이 일이 쉽고 재미있을 수 있다. 그게 싫다면 청소업체에 맡기고 편히 운영할 수도 있다.

상상해 보자. 위치가 끝내주는 곳에 고시원을 열면 마케팅 고민을 하지 않고도 공실 없이 많은 이익을 얻을 수 있다. 또 청소도 외주를 주고 신경 안 쓸 수 있다. 그럼, 고시원으로 신경 쓸 일이 줄어드니 직장도 계속 맘 편히 다닐 수 있다. 그러면서도 재수 좋으면 직장에서 얻는 월급보다 고시원에서 나오는 수익이 훨씬 더 클 수도 있다. 모든 건 가능성의 문제이니 당연히 그럴 수 있다. 문제는 내가 신경 안 쓰면 가능성이 떨어지는 데 있다. 모처럼 큰돈을 투자하는데 '그럴 수 있다'는 가능성만 믿고 신경을 덜 쓰는 쪽을 택한다? 손해 볼 가능성이 커지는데? 웬만큼 간이 크지 않고서는 할 수 없는 행동이다.

그런데도 고시원을 창업하면서 기존 운영자들보다 조금 더 그리고 꾸준히 노력할 각오만 되어 있다면 고시원은 최적의 투자처다. 당신은 이제 더 이상 괜찮은 투자를 찾아 헤매지 않아도 된다. 고시원을 두고 이러쿵저러쿵 말하면서, '내가 해봤는데 별로'라든가 '힘만 들고 남는 건 없는 투자야', '헛수고야, 뼈 빠지게 고생만 하고 기대했던 돈도 벌기 힘들어' 등의 개소리는 어디에나 있다. 신경 쓸 필요가 없다.

단언컨대 고시원은 진짜 좋은 투자 대상이다. 내가 하는 만큼 벌 수 있다. 고시원 운영해 봤는데 돈 못 벌었다는 사람은 거기까지만 경험했을 뿐이다. 각오가 되어 있다면 고시원은 당신이 원하는 돈을 벌어 줄 것이다.

당신이 듣고 싶어 하는 얘기, 관심 가져볼 만한 얘기를 여기 담았다. 물론 이 책에서 당신이 가진 궁금증과 의문을 다 충족하지 못할 수도 있다. 모든 건 '능력이 부족한 내 탓'이라고 적고 싶지만, 당신도 부족하다고 억지를 부려보겠다. 혹시 남을 부족함은 당신이 좀 더 공부하면서, 또 실제 창업을 하면서 채우면 된다. 완벽한 지식을 습득한 뒤 시작할 수 있는 일은 없으니 말이다.

좋은 정보를 좀 더 쉽게, 그리고 재미있게 읽을 수 있도록 하기 위해 이 책을 소설 형식으로 구성해 보았다. 형태만 그럴 뿐, 담겨있는 내용은 모두 다 현실에서 가져왔으니, 허구라 생각하고 가벼이 여기지 않았으면 한다. 여기에 담긴 내용만 꼼꼼히 잘 읽는다면, 당신은 고시원 창업과 운영에 대한 전반적인 내용을 모두 알게 될 것이다.

이제까지 몰랐다고 해도 상관없는 내용일 것이다. 그렇지만 고시원 사업에 관심이 생겼고, 그걸 해보려 한다면 이제는 알아야 한다. 모르는 상태로 뛰어들어서는 원하는 결과를 만들어 낼 수 없다. 이 책이 당신의 흥미를 끌어 부동산을 공부하게 하고, 더 나아가 고시원 창업의 시작을 만들어 내길 바란다. 이를 계기로 당신이 평범한 사람에서 더 큰 사람으로 성장할 수 있기를 기대한다.

목 차

불면의
밤

1 불면의 밤

"삐삐삐삐삐……."

알람이 울리기 한참 전부터 깨어 있던 태민은 손만 뻗어 휴대전화 알람을 끄고는 그대로 다시 멈췄다. 오늘은 그동안 다니던 회사의 마지막 출근 날이었다.

"태민 씨… 출근해야지, 늦겠어."
"……."

알람이 울리고 한참이 지나도 기척이 없자 아내 준희는 남편을 깨웠다.

"마지막 날이잖아. 오늘만큼은 누구보다 더 당당하고 멋지게 행동해."

준희는 애써 기운찬 목소리로 태민을 격려했다. 그러나 태민의 귀에는 들리지 않았다.

6개월 전, 태민보다 5살이나 어리며 미국에서 박사학위를 받았다는 이사가 새 본부장으로 온 그날부터 지옥이 시작되었다. 본부장의 깐깐한 태도에 태민은 갈수록 설 자리를 잃었다. 태민이 보고하는 모든 문서에 본부장은 빨간 펜을 들어 죽죽 그어 대며 퇴짜를 놓았다. 열 받아서 들이받고 싶었지만 참았다. 본부장에게 깨질 때마다 태민은 준희와의 저녁 식사 자리에서 본부장을 씹었다. 팔은 안으로 굽는다고 준희도 태민 편에 서서 본부장을 같이 욕했다. 어느새 새 본부장은 태민의 집에서 악의 축이 되었고, 저녁 식사에서 단골 메뉴로 자리 잡았다. 그렇게라도 스트레스를 풀어야 했다. 그렇게 태민은 소심한 가장이 되어가고 있었다.

"전무님, 그래도 이건 좀….."
"됐어. 다들 그렇게 알고, 이제 나가서 일 봐."

태민은 아직도 그때를 생각하면 열이 뻗쳤다. 아침 출근부터 뭔가 회사에 긴장감이 감돌고 있었다. 출근하는 태민을 보며 회사 전무가 마케팅팀 전원을 회의실로 소집했다. 태민은 급하게 팀원들을 불러 회의실에 앉았다. 그리고 팀원 5명은 전무로부터 새로운 본부장이 오늘부터 출근한다는 통보를 받았다. 이전 본부장이 경쟁사로 옮겨 가면서 두 달 가까이 본부장 자리가 비어 있었다. 전무의 일방적인 얘기에 태민은 절

망했다. 운영지원팀에 근무하는 동기 한 부장으로부터 마케팅 부서를 총괄하는 본부장 자리를 내부 승진으로 채울 것이란 얘기를 들었기에 실망감이 더 컸다. 태민의 기대는 산산이 부서졌다. 아내에게도 승진할 것 같다며 말했었다. 하지만 막상 뚜껑을 여니 태민보다 어린 해외 유학파 출신의 30대 중반 남자가 본부장으로 온 것이다. 끝장이었다.

"에이 정말. 뭔 헛소리를 하는지. 정말 때려치우든지 해야지. 짜증 난다. 짜증 나…."

태민은 회의실에서 나오며 다이어리를 책상에 집어 던진 뒤 담배를 들고 밖으로 나갔다. 나머지 팀원은 조용히 있으며 크게 관심 없어 하는 눈치였다. 그럴 줄 알았다고 생각하는 사람도 있었다. 그도 그럴 것이, 태민은 회사에 20년 가까이 근무한 경력으로 이전 본부장을 무시하며 다녔다. 한술 더 떠 마치 자기가 본부장인 것처럼 행세했고, 팀원들에게 자기 일을 다 미루면서 회사를 거의 놀러 다니다시피 했다. 그러다 퇴근 시간이 되면 기어들어 와 자리에 앉아 팀원을 닦달했다.

새로 온 본부장에게 노골적인 적대감을 내보인 태민은 금방 본부장의 눈 밖에 났다. 그래도 태민은 믿는 구석이 있었다. 바로 자신과 오래 손발을 맞춘 팀원들이다. 본부장과 의견이 갈리면 팀원들은 분명 자기편을 들어 줄 거라고 믿었다.

하지만 이번 본부장은 달랐다. 기존과 달리 각 팀원에게 서로 다른 업무를 시키고, 자신에게 주어진 일을 다른 직원에게 떠넘기지 못하도록 했다. 태민도 팀원으로서 어쩔 수 없이 자기에게 주어진 일을 스스로 해야 했다. 문제는 태민이 오랫동안 현업에서 손을 뗐다는 것이다. 감각이 떨어진 상태로 맡은 업무를 어떻게 해야 할지 막막했다. 태민은 결국 주어진 업무를 끝내지 못하는 일이 잦았고, 그때마다 나이 어린 본부장 앞에 서서 한참 훈계를 들어야 했다. 굴욕이었다. 억울했다. 그러나 할 말이 없었다. 자초한 일이니까.

본부장 앞에서 굴욕으로 태민의 인내심은 바닥나고 있었다. 그러던 어느 날 회사에 공지가 떴다. 경기 불황의 여파로 태민의 회사에서도 10년 이상의 연차 직원을 대상으로 희망퇴직을 실시한다는 공고였다. 태민이 희망퇴직을 신청하면 퇴직금 외에 위로금으로 최소 2억을 챙길 수 있었다.

깊이 생각할 겨를도 없이 태민은 희망퇴직을 결심하고 바로 신청서를 접수했다. 이제 끝이다. 오랫동안 회사에 충성을 다한 사람을 개 무시하는 뭣 같은 회사 더 이상 다니고 싶지 않았다.

시간이 흘러 오늘이 바로 마지막 날이다. 얼결에 희망퇴직을 신청했지만, 회사를 그만둔 이후에 대책은 전혀 없었다. 태민의 주변은 어제와 똑같았다. 소용돌이는 태민의 마음속에서만 거세게 치고 있었다.

두 달 전부터 인수인계한 터라 이미 한 달 전부터는 회사에 출근해도 할 일이 없었다. 경험해 본 사람은 알겠지만, 할 일이 없는데 자리에 앉아 있는 건 고역이다. 희망퇴직의 여파로 회사 분위기도 흉흉했다. 희망퇴직자를 바라보는 남은 사람들의 시선은 따가웠다. 회사가 어려워진 것에 대해 책임져야 할 놈들이 오히려 돈만 챙겨 무책임하게 떠난다고 느끼는 듯했다.

"무엇을 해야 할까?

퇴직하기로 마음먹었지만, 막상 무엇을 해야 할지 결정을 못 한 상태였다. 희망퇴직을 신청할 때는 두 달만 고민하면 새로운 일을 찾을 수 있을 거로 생각했다. 새로운 일 중 다른 회사에 취직하는 것은 계획에 없었다. 회사는 지겨웠다. 힘들어도 나 자신만을 위해 일을 하고 싶었다.

출근해서 이미 말끔하게 비워진 책상을 바라보니 앉고 싶은 마음이 싹 달아났다. 담배나 한 대 피우자는 생각에 옥상으로 향했다. 옥상 휴게실에 앉아 담배 하나를 꺼내는데 옥상 문 앞에 한 부장이 나타났다. 평소 친하게 지낸 한 부장도 희망퇴직을 신청했고, 오늘이 마지막이었다. 갑자기 목돈이 생긴 건 좋았지만, 당장 내일부터 가야 할 곳이 없다는 건 태민과 한 부장에게 좋지 않았다. 한 부장이라고 별 수 있겠나 싶었다. 오늘은 그저 쓴 담배를 같이 피우는 한심한 처지였다.

"뭔가 근사한 제안을 받으려고 기대하지 말고, 근사한 제안을 하는 사람이 되라"

뜬금없는 소리가 한 부장 입에서 터져 나왔다.

"뭔 뜬금없는 소리야?"

"당장 뭔가를 하려 애쓰지 말고, 깊이 생각한 뒤에 움직이자, 이 말이야…."

"개소리도 계속하면 늘긴 느는구나. 널 보니 알겠다. 1만 시간의 법칙이란 참…."

평소에도 실없는 소리를 자주 해서 또 시작이구나 하고 싶은 김에 되물었을 뿐이다. 입사동기 한 부장은 집이 원래 부자여서 부모로부터 받은 것이 많았다. 회사를 놀러 다닌다고 할 정도로 회사 일에 도통 관심이 없었다. 그런데도 늘 풍족했다. 부모로부터 받은 조그만 상가건물에서 나오는 임대 수익만 해도 월급의 3배는 될 거라는 소문이 있었다. 태민이 궁금해서 물었으나 돌아오는 건 호탕한 웃음뿐이었다. 친하지만 재수 없는 놈이다.

"야, 태민아… 오늘 저녁에 나랑 세미나 같이 갈래?"

"어유… 개소리가 점점 진화한다. 야… 오늘같이 뭣 같은 날에 뭔 세미나야…."

"내가 전에 말한 적 있지? 내가 아는 사람이 유망 코인을 상장하기 전에 잡아서 30억 벌었다고…."

"그래… 네가 그런 헛소리도 했었지… 하도 뜬금없어서 잊고 있었네."

"그래 이 새끼야. 그 친구가 이번에 새로운 코인에 다시 들어간다는데, 나한테도 생각이 있으면 같이 하자고 하더라. 그래서 가보려고."

"아, 이 자식… 회사 퇴직하면서 받은 돈 날리려고 용을 쓰는구나."

"야이 멍청아… 가기 싫으면 말고, 어차피 할 일도 없는 백수가…."

맞는 말이다. 한 부장이나 태민이나 이제부터 백수라서 남는 게 시간이다. 고독과 친숙하게 지내야 할 타이밍을 맞이한 것이다. 그래도 같이 가자고 할 친구가 있는 게 어딘가 하는 생각에 태민은 한 부장과 세미나에 가기로 약속을 잡았다.

세미나에 참석한 사람은 대략 100여 명이 넘었다. 그중에는 태민의 회사 사람도 여럿이었다. 한 부장은 돈 벌었다는 지인인 듯한 사람과 반갑게 인사를 하고는 태민에게도 소개해 주었다. 시간이 되자 한 부장의 지인은 강단에 섰다. 놀라운 반전이었다. 지인이 들어가려 한다는 그 코인이란 바로 그 지인이 근무한다는 회사에서 만든 코인이었다.

머뭇거림 없이 새로 만든다는 코인에 관해 설명하는 지인의 말과 행동은 유려했다. 한 치의 망설임도 없이 장장 50분간 새로운 코인의 등장으로 바뀔 미래를 참석자들이 상상하도록 만들었다. 새 코인은 모든 것의 플랫폼이었다. 처음은 '다이소'와 같은 일상의 생활용품을 거래하는 것으로 시작하지만, 앞으로 10년 뒤에는 아마존처럼 세상에 존재하는 모든 것을 거래하고 장악할 것이라고 했다. 코인 이름은 〈도미네이션〉 이름 그대로 세상의 모든 것을 장악하겠다는 의미를 담았다고 했다.

이야기만으로도 태민이 머릿속에서 긍정적인 상상 회로를 돌리게 만드는 한 부장 지인의 발표에 가슴이 뜨거워졌다. 할 일이 없어서 그냥 참석해 본 것뿐인데 심장이 뛰기 시작했다. 옆에 앉아 있던 한 부장을 바라보았다. 그도 어느새 귓불까지 빨개져서 지인의 말에 집중하고 있었다. 오늘, 이 세미나에 참석한 게 신의 한 수가 될까? 회사를 그만두고 우연히 이 세미나에 오게 된 걸 평생 감사하며 살게 될까? 머릿속이 복잡했다.

세미나가 끝나고 태민과 한 부장은 모두 흥분해 있었다. 서로 뭔가를 말하고 싶었지만, 말하는 순간 행복한 상상이 날아가 버릴 것 같아서 입을 다물고 있었다. 두 사람은 말없이 근처 호프집에 들어가 앉았다. 그리고 잠시 후 누가 뭐라 할 것도 없이 서로 흥분하며 〈도미네이션〉으로 달라질 세상과 우리의 미래에 관해 이야기했다.

"어떻게 들었냐?"

"응? 세미나?

"그럼, 뭐 헬스장 바벨 들었겠냐?"

"……"

"어땠냐고 멍청이야…."

"기가 막히더라. 완전히 뽕 갔다."

"너도 그렇게 느꼈냐? 나도 완전히 멘붕이더라. 세상이 뒤집어지겠던데…."

"홀딱 넘어가겠어."

"이왕 세미나까지 들었는데 속는 셈 치고 좀 투자해 볼까 싶기도 하네."

며칠이 지난 뒤, 세상을 바꿀 모든 것을 거래할 플랫폼 〈도미네이션〉에 대한 사전 투자가 진행되었다. 최소 투자액은 0.2 비트코인이었다. 한화로 환산한다면 약 2,500만 원에 해당하는 금액이었다. 한 부장은 안달이 난 듯 일단 빨리 비트코인을 사야 한다고 보챘다. 코인 시장 자체가 상승세로 돌아서고 있기 때문에 곧 비트코인 가격도 천정부지로 뛸 것이라고 했다. 조금이라도 빨리 사야 투자금을 줄일 수 있다고 했다. 코인에 대해서는 몰랐지만, 세미나 이후 유튜브 등을 통해 사전 투자와 코인의 미래 등에 대해 알아봤고, 코인이 거래소에 상장하기 전에 투자하는 사전 투자 즉 ICO를 할 때 잘만 고르면 수십 또는 수백 배의 시세차익도 가능하다는 것을 알았다. 물론 반대의 경우도 있다는 경고도 많았으나 이미 태민의 머릿속은 '부자의 추월차선'에 올라서고 있었다.

　일단 최소 금액만 투자하겠다는 한 부장과 달리 태민은 과감하게 10배인 2비트코인을 투자해 〈도미네이션〉 20만 개를 구입했다.

　그로부터 약 4개월이 지난 어느 날, 드디어 〈도미네이션〉이 거래소에 상장된다는 소식이 들려왔다. 태민의 가슴은 흥분으로 다시 뛰기 시작했다. 4개월여가 지나는 동안 새로운 소식이 없어 사기당한 것이 아닌가 싶었으나, 이제 곧 결실을 보는 순간이 온 것이다. 태민이 가진 〈도미네이션〉은 비트코인의 현재 시세로 계산하면 1개당 1,000원이었다. 그러니 거래소에 1,000원 이상으로 상장되기만 하면 무조건 버는 게임이었다.

　〈도미네이션〉의 상장 가격은 1,000원으로 결정되었고, 상장하는 당일 태민은 두근거리는 가슴을 안고 상장이 개시되기만을 기다리고 있었다. 이윽고, 〈도미네이션〉이 움직이기 시작했다. 시작하자마자 빠르게 위로 치솟는 모양에 덩달아 태민의 심장도 위로 솟구쳤다. 그리고 잠시 뒤 순식간에 곤두박질치기 시작했다. 잠시 1,900원을 찍는가 싶더니 눈 깜박일 시간도 없이 내려가기 시작했다. 1,000원, 900원, 800원….

태민은 아무것도 할 수 없었다. 너무 빠른 움직임에 넋이 나가 매도할 겨를도 없이 하락 빔을 맞았다. 상장 후 4시간 뒤 〈도미네이션〉은 700원에서 죽은 듯이 움직임을 멈췄다. 단 4시간 만에 태민의 돈 2억원은 1억 4,000만 원으로 줄었다. 믿기지 않았다. 한참을 쳐다봤으나 더 이상 움직이지 않았다. 그때 태민의 휴대전화가 울렸다. 한 부장이었다.

"응."

"야… 팔았냐?"

"뭘 팔아… 정신없이 쳐맞기만 했는데 팔 시간이 어디 있어?"

"야 멍청아, 상장하자마자 눈치 보고 바로 팔았어야지."

"넌 팔았어?"

"난 팔았지."

"그래? 그럼 넌 좀 적게 손해 봤겠네."

"뭔 손해? 난 1,500원에 팔았는데… 아우 처음에 좀 더 살 걸 그랬어…."

"뭐? 1,500원에 팔았어?"

"응, 너무 빨리 팔았나 봐… 1,900원까지 올라가던데 좀 더 있다 팔걸… 얼마 못 벌었어, 시발."

"아… 미친놈."

"계속 지켜보다가 떨어지면 다시 사볼까 했는데. 더 떨어질 거 같아서 내일까지 지켜보려고."

"……."

"넌 진짜 안 팔았어?"

"(뚝)……."

부아가 치민 태민은 전화를 그냥 끊어버렸다. 자신도 시작하자마자 팔았으면 한 부장처럼 1억 원은 벌었을 텐데 하는 생각이 들자 정말 미쳐버릴 것 같았다. 한 부장은 수익으로 챙긴 1,000만 원으로만 투자해도 원래 가지고 있던 개수만큼 더 살 수 있는데… 자신은 거의 반토막이 났다. 돌아버릴 것 같았다. 가만히 앉아 있는데도 몸을 주체할 수 없었고, 스스로 병신 같다는 생각이 머릿속을 떠나지 않았다.

'내가 왜 코인에 투자했을까?'

이미 늦었지만, 어리석은 후회를 계속하고 있었다. 거실에서 저녁 먹으라고 부르는 소리가 들렸으나 태민의 귀에 닿지 않았다. 태민이 대답하지 않자, 준희가 방문을 열고 다시 불렀다. 그러나 태민은 고개조차 돌리지 않고 멍하니 컴퓨터 화면만을 바라보고 있었다. 아무 생각도 나지 않았지만, 머릿속은 너무나 복잡하고 뜨거웠다. 가끔 서늘한 기운이 온몸을 지나갔다. 태민이 아무 대답도 하지 않고 움직임조차 없자 준희는 열었던 문을 조용히 닫았다. 그때 태민의 눈에서 눈물이 주르륵 흘렀다.

'사람이 이렇게 망하는 거구나.'

새벽까지 컴퓨터 앞에 앉아 〈도미네이션〉만 쳐다보던 태민은 2시가 넘어 300원 밑으로 떨어지는 것을 봤다. 가슴에 통증을 느끼며 겨우 컴퓨터를 끄고, 아파트 밖으로 나가 담배를 꺼내 물었다. 초점 잃은 눈으로 담배를 연거푸 태우고 나니 격한 허기가 느껴졌다. 그러나 도저히 뭔가를 먹을 수 없을 것 같았다. 먹을 자격이 없다고 느꼈다. 집으로 들어가 정수기에서 냉수 한 잔을 받아 들이켰다. 그리고 겨우겨우 침대로 가 쓰러지듯 누웠다. 태민의 인생 최악의 날이 지나고 있었다.

고시원업계 현황 및 전망

고시원의 연 수익률은 아무리 적어도 20%를 훌쩍 넘긴다. 진짜냐고? 진짜다. 괜찮은 고시원의 기준은 연 25%의 수익률을 기준으로 한다. 어디서 나온거냐, 혹은 근거 있냐고 따져 물을지도 모르겠다. 의심스럽다면 고시원을 운영하는 사람에게 물어봐라. 잘하는 사람은 다 그렇게 수익을 내고 있다.

어떤 창업이든 가장 중요한 건 마인드셋이다. 그래서 어디에서나 하는 고리타분한 얘기로 시작하려 한다. 고시원 사업은 본질적으로 서비스업이다. 단순히 방을 빌려주는 데 그치는 것이 아니라, 공간을 유지하고 관리하는 일을 포함한다. 입실자 입장에서, 고객 중심으로 운영을 고민해야 하는 이유다.

고시원은 운영자의 역량이 중요한 사업이다. '어떤 사업이라고 그렇지 않겠어요?' 반문할 수 있겠지만, 특히 더 그렇다는 말이다. 고시원 창업에 가장 적합한 사람은 꾸준한 사람이다. 리모델링 멋들어지게 해 놓기만 하면 방은 알아서 찰 거라 믿고 손 놓으면 안 된다는 소리다. 입실자들에게 고시원은 단순히 잠만 자는 곳이 아닌, '생활공간'이라는 점을 항상 기억해야 한다.

고객 중심 사고, 어렵지 않다. 가장 쉬운 방법은 언제나 그렇듯 역지사지다. 나라면 여기에 월 70만 원을 태우며 살겠는가? 아니라면 이유를 곰곰이 생각해 보자. 툭하면 이슈가 터지는 낙후된 시설, 바로 옆방에 입주해 있는 이상

한 이웃, 지저분한 벽지와 잔뜩 쌓여 있는 공용 쓰레기통, 다른 곳과 비교했을 때 떨어지는 가성비 등 살고 싶지 않은 이유는 생각보다 많을지도 모른다. 당연히 모든 문제를 해결할 수는 없다. 오히려 입지가 기가 막히게 좋아 방이 잘 차니 그 필요성을 못 느낄 수도 있다.

무슨 자선사업가처럼 손해를 보면서까지 입실자를 위해 헌신하라는 말이 아니다. 어쨌든 사업이란 돈을 벌기 위한 수단이니까. 일단 고시원 창업하기만 하면 '입실료 따박따박 받으면서 편하게 돈 벌겠지', 하는 마인드는 잠시 넣어둬도 나쁘지 않다는 충고 정도로 생각해 주면 좋겠다. 물론 신경 쓰지 않더라도 어떤 특정 조건이 뛰어나다면 일시적으로 아주 잘 되는 것처럼 보일 수는 있다. 그러나 분명히 말할 수 있다. 그거 얼마 못 간다.

명심하자. 고객 입장에서 생각하지 않는 사업은 살아남지 못한다. 이제는 그런 시대이고, 앞으로는 이 고객 중심 경향이 더욱 두드러질지언정 거꾸로 가지는 않으리라 확신한다. 세계 최대 전자상거래 기업 아마존의 핵심 가치 중 하나가 '고객에 대한 집착(Customer Obsession)'인 것만 봐도 감이 올 것이다.

유튜브에서 고시원을 검색하면 말이 참 많다. 신랄하게 까는 말도 많고, 고시원 좀 제발 제대로 알고 하라는 영상이 드럽게 많다. 그런 영상을 보면 사실 틀린 말 하나 없다. 다 맞기 때문에 더 고민스럽기도 하다. 근데 영상, 그리고 각종 커뮤니티에 나오는 고시원에 관한 내용 중, 피할 수 있는 어려움 등은 미리 대비한다면 충분히 극복할 수 있는 문제들이다. 여러 영상에서도 끝은 그렇게 맺고 있다. 이 책에서는 그걸 좀 더 긍정적인 쪽에서 접근해 보고자 했다.

고시원은 비교적 낮은 비용으로 주거 공간을 제공하는 대표적인 소형 임대 사업이다. 단어에서부터 알 수 있듯이, 고시원은 본래 고시생들을 위한 공간으로 시작했다. 과거 고시원의 경우 열악한 환경으로 인해 부정적인 이미지로 낙인찍혔지만, 이후 프리미엄 고시원이 등장하면서 사회적 인식이 많이 개선되었다. 현재는 1인 가구가 지속해서 증가하고, 직장 및 대학 등 단기 거주 수요가 늘어나면서 다양한 계층이 고시원을 이용하는 추세다.

통계청에 따르면 1인 가구 비율이 2025년 기준 전체 가구의 40%에 달하는 수준으로, 앞으로도 꾸준히 증가할 것으로 전망한다. 특히 지방 출신 서울 소재 대학생, 직장인, 취업 준비생, 사회 초년생, 외국인 등 단기 거주 수요가 높은 계층 또한 계속해서 늘어나고 있다. 이들이 고시원을 선택하는 이유는 크게 세 가지다.

⊘ **낮은 초기 비용** : 원룸에 입주하려면 최소 500~1,000만 원 정도의 보증금이 있어야 한다. 고시원은 보증금이 아예 없거나, 있더라도 10~20만 원 정도의 적은 금액이다. 무엇보다 풀옵션으로 에어컨, 침대, 옷장, 책상 등 생활에 필요한 가구들이 모두 마련되어 있다는 점이 무척 매력적인 요소로 작용한다.

⊘ **단기거주 가능** : 통상적으로 임대차 계약 기간은 2년이고, 대학가 등 일부 지역은 1년으로 진행하기도 한다. 지방에서 올라온 대학생은 학기 중인 4개월 동안 머물다가 방학이 되면 본가로 내려간다. 이런 경우 별도의 계약기간 없이 원하는 기간 동안 거주 가능한 고시원이 아주 좋은 선택지가 되는 것이다.

✔ **적은 고정 지출** : 원룸은 관리비 및 공과금 명목으로 월 10~30만 원 정도의 추가 지출이 발생한다. 고시원은 이와 같은 추가금이 없다. 심지어는 시리얼, 쌀, 라면, 김치까지 무료로 제공하기도 한다. 이런저런 생활비를 감안하면 원룸과 동일한 월세더라도 고정 지출이 적은 고시원이 아무래도 덜 부담스럽다.

그렇다면 고시원 업계의 미래는 어떨까? 2020년 소방청 예방 소방 통계자료에 따르면 고시원은 전국 1만 1,605개, 서울에만 5,663개가 운영 중인 것으로 집계되었다. 원룸 임대 수익률이 일반적으로 5~10% 정도인 데 반해, 수익률이 무려 20~25%에 달하는 고시원은 이미 많은 사람에게 매력적인 투자처로 인식되고 있다. 공유 주거 트렌드와 함께 수도권을 중심으로 꾸준히 성장 중인 고시원 시장, 어떤 형태로든 앞으로도 계속해서 확대될 가능성이 높다는 말이다.

결국, 고시원은 망하기 어려운 사업이고, 앞으로 더욱더 확장성이 큰 사업이다. 만약 고시원을 창업했는데 망한다면, 다른 어떤 사업이나 장사를 해도 망할 가능성이 높다. 그만큼 쉽고, 누가 하든 조금만 신경 써서 관리하면 돈을 벌 수 있는 일인 것이다.

고시원 시장의 성장 가능성	고시원 시장의 위험 요인
1인 가구 증가	법적 규제 강화
주거비 부담 가중 → 주거 대안	경쟁 심화 → 공실 리스크
공유 주거 트렌드 → 고급화 고시원 수요	물가 상승 → 운영 비용 증가

고시원은 매월 들어오는 수입이 거의 일정하다. 고시원에 입실자를 채우고 운영하기 때문에, 입실자 관리만 잘하면 일정한 수입을 꾸준히 유지할 수 있다. 수입 계산이 안 될 수가 없다. 운영자는 들어오는 수입에 맞춰 지출을 조절하면 끝난다. 매달 흑자가 날 수밖에 없다.

예를 들어 풀옵션 방 20개가 있고, 이 방의 평균 입실료를 65만 원이라고 치자. 만실일 경우 총수입은 1,300만 원이 나온다. 여기에 임대료를 350만 원이라 하고, 각종 전기, 가스, 수도, 그리고 비품 구입 등의 운영비가 임대료의 70% 수준인 245만 원이 든다고 하자. 그럼, 총수익은 1,300만 원에서 595만 원을 뺀 705만 원이 된다. 매월 705만 원을 벌 수 있는 것이다.

그런데 매월 방이 100% 찰 수는 없으니 가끔 빌 수 있다. 이 공실률을 10%라고 하자. 입실자는 종종 들고날 수 있기 때문에, 월평균 2개는 빈방이 있다고 치는 것이다. 그렇게 되면 내 수익은 705만 원이 아닌 575만 원이 된다. 갑자기? 수익이 확 줄어들어? 이게 어떻게 안정적일 수가 있냐고 의문을 가질 수 있다. 그런데 공실이 생기면 그만큼 수익이 줄어들지만, 동시에 그만큼의 비율로 운영비도 준다. 따라서 운영비의 약 10%인 24만 5,000원은 수익에 포함할 수 있다. 하지만 그것만으로는 부족하다. 그래서 공실이 생기면 고시원을 운영하는 사람의 노력이 좀 더 가미되어야 한다. 최대한 빨리 방을 채우기 위해 더 적극적인 마케팅을 해야 하는 것이다. 블로그에 글도 더 많이 쓰고, 온라인 광고도 적극적으로 해야 한다. 방 한 개가 공실이 나면 하루 평균 21,500원의 손실이 나는 셈이니, 광고비 지출을 아까워하지 말고 과감한 홍보로 방을 채워야 한다. 그리고 입실자 관리에 신경을 써서 오래 머무르도록 하는 게 훨씬 더 이득이다.

작은 불편이라도 방치하면 불만이 쌓이고, 결국 퇴실로 이어진다. 공실률 관리, 사실 별거 없다. 입실자가 오래 머물고 싶은 곳을 만들면 된다. 시설이 좀 낡았으나 관리가 잘된 곳, 새 건물이지만 위생이 엉망인 곳. 둘 중 어디에서 살겠는가? 입실자는 바보가 아니다. 같은 입지, 같은 가격대라면 결국 운영자가 얼마나 신경 쓰느냐에 따라 선택이 갈린다. 고시원은 결국 '관리 비즈니스'다.

관리만 잘하면 고시원은 돈이 된다. 다만, 운영하는 사람이 신경을 많이 써야 한다. 공실을 빨리 채울 수 있도록 적극적인 마케팅을 해야 하고, 쾌적한 환경과 안전한 분위기를 형성해 입실자가 빠져나가는 걸 막아야 한다. 투자하고 가만히 두면 서서히 망가진다. 그래서 고시원은 투자사업이 아니라 투자하고 관리하는 관리 사업에 가깝다. 이런 관리만 잘하면 혼자서도 능력에 따라 3개든 4개든 얼마든지 운영할 수 있다. 돈이 되니 안 할 이유가 없다.

먹고는
살아야
하니까

2 먹고는 살아야 하니까

태민이 퇴직한 지 두 달 가까이 지나고 있었다. 그래도 퇴직하며 받았던 퇴직금과 위로금 4억 원 중 코인으로 손해 본 6,000만 원을 제외하면 나머지는 통장에 남아 있었다. 퇴직 다음 날부터 태민은 주변 지인 중 자영업 하는 사람을 부지런히 찾아다녔다. 처음에는 퇴직하는 사람의 코스와도 같은 작은 분식점이라도 해 보려는 심산이었다. 태민이 만난 사람 중 반은 자영업이 만만치 않다고 했다. 주말에도 쉬지 못하고 장사를 해야 겨우 먹고 살 수 있다며 말했다. 그들의 말에 의하면 회사 밖은 지옥이었다.

나머지 반은 두 부류로 나뉘었다. 한쪽은 월세를 내기도 힘들어 폐업을 고민한다는 것이고, 다른 쪽은 주말까지 일하느라 힘들지만 수익이 잘 나서 그럭저럭 괜찮다는 태도였다. 개중에는 가게 하나를 더 내려고 준비하는 사람도 있었다.

자영업을 해 본 적이 없던 태민은 힘들다는 사람 말을 듣고 겁이 났다. 역시 남의 돈 먹는 게 쉽지 않다는 생각에 두려워졌다. 그런데도 장사가 잘돼서 확장을 생각하고 있다는 지인의 말에 일말의 기대를 했다. 어차피 재취업은 생각도 없고, 생활비를 벌기 위해서는 뭐든 해야 했다. 기왕이면 장사가 잘된다며 말하는 사람의 방식을 따라 그대로 하면 자신도 잘할 수 있지 않을까 싶었다.

"특이한 거나 시장에 없는 새로운 거 하려 하지 말고 대중적인 걸 골라."

"응?"

"나도 처음에 아이템 고를 때 이미 사람들이 많이 하고 있는 것보다 뭔가 획기적이고 새로운 게 없는지 찾아다녔거든. 근데 먼저 해본 사람들이 한결같이 말리더라. 새로운 거는 잘 되면 대박이지만 안 되면 바로 망한다고."

마치 속마음을 꿰뚫어 보기라도 한 듯 태민이 찾아간 지인이 얘기했다. 맞다. 태민은 시장에 이미 많이 퍼진 그런 것보다 뭔가 새로운 거나 사람들이 생각지 못한 그럴싸한 아이템을 찾고 있었다. 그런 걸 누구보다 빨리 찾아내서 창업하면 대박이 나고, 프랜차이즈화시킬 수 있을 거 같았다. 그렇게만 되면 일개 자영업자에서 프랜차이즈 회사 대표가 될 수 있지 않을까 하는 망상을 했다.

"자영업을 하게 되면 누구나 꿈을 크게 갖지. 근데 그런 행운이 여태

까지 빌빌대며 살던 우리한테 오겠냐? 그렇게 열심히 노력도 안 했는데. 그런 도둑놈 심보를 갖고 있는 사람한테 성공운은 절대 안 온다. 그저 망하지 않고 생활비만 벌 수 있어도 감지덕지야. 자영업은 상상 이상으로 힘들어. 꿈 깨고, 현실적으로 판단해."

"어… 그래. 그래야지."

　

지인의 말에 동의는 했지만, 속마음은 아니었다. 태민은 지인이 조그만 치킨집을 하더니 간도 작아졌다고 생각했다. 태민도 '분식집을 차려볼까'하는 생각을 했으나 막상 치킨집을 보니 저걸 운영하면서 '제대로 월세를 낼 수는 있을까?' 싶었다. 무시하는 건 아니었으나 실망스러웠다. 이왕 자영업을 하려면 꿈을 크게 가져야 하는데, 고작 분식집 하나 차려 생활비나 충당하는 것만으로 만족할 수는 없었다. 지인은 태민의 생각을 읽은 듯 다시 한번 걱정의 말을 쏟아냈지만, 태민의 귀에는 들리지 않았다.

며칠 뒤 태민은 창업박람회를 찾았다. 세상의 다양한 창업 아이템이 한자리에 모여 있으니 시장의 트렌드를 읽을 수도 있고, 아직 세상에 알려지지 않은 근사한 아이템을 찾을 수 있을 거로 생각했다. 창업박람회의 아이템 중 80%는 음식 종류였다. 나머지는 컨설팅, 청소, 미용, 무인 양품점 등이었다. 아무리 둘러봐도 단기간에 시장을 확 사로잡을 수 있는 아이템은 보이지 않았다. 브랜드만 다를 뿐 주변에서 한 번쯤 본 것들이었고, 확장성을 고려했을 때 쉽지 않아 보였다.

그놈의 확장성은 태민의 눈을 멀게 했다. 그리고 눈이 먼 태민에게는

박람회에 있는 거의 모든 아이템이 맘에 들지 않았다. 그때 한 브랜드가 눈에 확 들어왔다. 샐러드 카페였다.

선진국화가 진행될수록 자신을 가꾸는 일에 많은 관심을 쏟는 사람이 많아진다. 이에 외모를 가꿀 수 있는 화장품, 헬스 등의 산업이 발달하고 있지만 먹는 것에는 아직 뚜렷한 대표주자가 없었다. 몸을 가꾸기 위해 어쩔 수 없이 먹는 닭가슴살과 달리 평소 식사와 같이 먹을 수 있으면서도 체형 관리를 위한 식단으로도 손색없는 게 바로 샐러드였다. 태민은 '바로 이거다'라는 생각이 들었다.

바로 샐러드 카페 브랜드 〈샐인〉의 상담 코너에 들어가 상담을 받았다. 회사의 상담 내용을 들으며 태민의 생각은 점점 더 확고해졌다. 가게에서 팔 수도 있고, 주변 주거단지에 지속적으로 홍보를 해 매달 샐러드를 구독하게 한다. 이게 바로 자신이 찾던 '대박' 아이템이라고 확신했다.

샐러드 식재료 등의 구입처 등을 알 수 있으면 직접 브랜드를 만들어서 시작하고 싶었으나, 아무것도 모르는 처지라 일단은 〈샐인〉에 가맹해 차차 알아낸 뒤, 자체 브랜드를 만들겠다고 다짐했다. 태민은 그렇게 계획을 세워 시작했다.

태민은 집에서 30분 거리의 번화가 끝자락에 있는 20평짜리 1층 상가를 보증금 3,000만 원에 월세 250만 원으로 구했다. 여기에 가맹비, 인테리어비, 집기 비용 등으로 8,000만 원을 들여 샐러드 카페 〈샐인〉을 개업했다. 가맹 상담을 한 지 약 3개월 만이었다.

첫 한 달은 느낌이 좋았다. 가게 문을 열기도 전에 샐러드 구입 문의가 줄을 이었다. 계속되는 전화에 약간의 짜증까지도 날 정도였다. 오픈하기도 전인데 이렇게 반응이 좋다니, 생각보다 더 빨리 자신의 브랜드를 만들 수 있을 것 같았다. 고생스럽더라도 가맹점이 아니라 처음부터 자신의 브랜드로 창업했으면 좋았겠다는 생각이 들었다. 첫 달의 장사를 마치고 보니 총 2,000만 원어치를 팔았다. 그리고 남는 것은 없었다. 홍보에 치중한 나머지 샐러드를 구입하는 고객에게 공짜로 너무 많이 안겨준 것이다. 1+1행사로 인해 오히려 손해 보고 파는 게 많았다. 그래도 쉴 새 없이 몰려드는 고객으로 인해 즐거웠다. 밤에 잠자리에 누워서도 피식피식 웃음이 나왔다. 이렇게 3개월만 홍보에 치중하면 완전히 자리를 잡을 것이고, 이후에는 돈을 쓸어 담을 수 있을 거로 생각했다. 그리고 1년 뒤에는 당당하게 나만의 브랜드를 내겠다고 다짐했다.

그렇게 3개월이 더 지나고 창업한 지 5개월 차에 접어들었다. 태민이 지난달에 판매한 총금액은 350만 원에 불과했다. 한 달간 미친 듯이 팔리던 샐러드는 이벤트를 줄이자 이에 비례하듯이 구매가 멈췄다. 손님이 들끓던 가게는 적막으로 가득했다. 첫 달에 너무 바빠 아르바이트를 5명으로 늘렸다. 그러나 손님의 방문이 뜸해지며 한 명씩 줄였고, 5개월 차인 지금 단 한 명만 남았을 정도로 한가했다. 아마도 다음 달에는 이마저 잘라야 할 게 분명했다. 인건비는 고사하고 월세를 낼 수도 없을 지경이었다. 샐러드의 원자재 가격이 너무 비쌌고, 신선 식품이라 오래 보관이 어려웠는데 그마저도 팔리지 않아 버리는 게 반 이상이었다. 모든 게 고스란히 손해로 돌아왔다. 할 일이 없어 자리에 앉아 휴대전화만 보는 아르바이트생이 너무나 얄미웠다.

"특이한 거나 시장에 없는 새로운 거 하려고 하지 말고 대중적인 걸 골라."

지인이 해준 충고가 떠올랐다. 그때 그 말을 따라야 했다. 괜히 쓸데 없는 욕심과 자신감으로 엉뚱한 걸 택해 망하는 길에 올랐다는 생각이 들었다. 한숨만 나왔다. 일시적인 경우라면 앞으로 괜찮아질 거라는 기 대감이라도 있지. 자신감이 완전 바닥이었다. 지금이라도 결단하고 손 해를 끊고 나와야 했다. 다음 달에 아르바이트생이 그만두면 아내인 준 희가 나와서 돕기로 했으나, 준희도 내심 이쯤에서 포기하고 정리하기 를 바라고 있었다.

"태민 씨 고민하지 마. 과감히 결단을 내리고 끊어버려야 할 때도 있 는 거야. 단번에 성공할 수 있는 사람은 없어. 투자한 게 아까워서 계속 버텨봐야 손실만 커져. 손해를 인정하고 빠져나와야 다음 도전의 기회 도 만들 수 있어."
"……."

준희의 말이 백번 천번 맞는 것이었다. 그러나 막상 인정하고 손해를 감수하고 나오려고 하니 도저히 자신이 없었다. 손에 쥐고 있으면 손해 라도 아직 만회할 기회가 있을 것 같았다. 빠져나오는 순간 그 손해가

확정되어 내내 태민의 발목을 잡을 것이기에 행동으로 옮길 수가 없었
다.

밤 9시가 넘어서 가게 문을 닫고 어둠 속에 놓인 가게 안에서 태민은
투자금과 비용을 계산하기 시작했다. 한참을 뒤적거리며 계산하다가
한숨 쉬기를 반복했다. 시간은 10시를 넘기고 있었다. 그 사이 준희에
게서 전화가 왔으나 받지 않았다. 매번 같은 소리에 지쳤다.

'어떻게 해야 할까?'

저녁 11시가 다 된 시간에 집으로 향하며 태민은 혼자 읊조렸다. 지
금까지 들어간 돈이 보증금을 빼고도 8,000만 원이었고, 다른 사람에
게 넘긴다고 해도 장사 안되는 가게를 자신이 투자한 돈 다 주고 인수
할 바보는 없을 것이다. 결국 남에게 넘긴다고 해도 투자금 중 반은 자
신이 떠안아야 할 것이다. 답이 없었다. 완벽한 실패였다.
그렇게 아무런 결론도 없이 망연자실하게 집으로 돌아온 태민은 씻
지도 않고 그대로 침대에 쓰러졌다. 인생 최악의 날이 그렇게 다시 지
나고 있었다.

고시원 창업의 전체 개요

고시원을 하겠다고 마음먹었다면 가장 먼저 어떤 유형의 고시원을 할지 결정해야 한다. 고시원은 크게 2가지로 나눌 수 있다.

첫째는 고시원이라는 이름 자체에서 알 수 있듯 숙식하며 공부하는 기본적인 형태의 숙박시설이다. 여기에는 침대와 옷장 그리고 책상, 의자 및 책장 정도가 갖추어져 있다. 화장실, 샤워 시설 및 주방은 공동으로 사용한다. 방을 최대한 많이 만들어 입실료를 많이 받는 데 초점이 맞춰져 있어서 먹방이라고 하는 창이 없는 방들도 많다. 창이 없으면 아무래도 입실료가 저렴하다. 인기가 별로 없는 먹방에서도 같은 값이면 크기가 큰 것이 좋다. 이런 전통적인 형태의 고시원은 상대적으로 권리금도 싼 편이다. 인수할 때 수익률만 보고 결정하지 말고, 나중에 수리할 것이 많이 생길 수도 있는 부분을 고려하여 추가지출에 유의해야 한다. 또한 요즘의 트렌드를 반영한 풀옵션 형태의 고시원에 비해 인기가 없기 때문에 인수 시 신중해야 한다. 지역과 입실료에 따라 권리금이 크게 다르지만 대체로 방 개수는 30~60호실 정도가 일반적이고, 입실료도 30~45만 원 사이에 많이 있다. 총매출과 임대료 및 운영비를 감안해 계산해 보면, 권리금의 적정성을 나름 평가할 수 있다. 기본 수익률이 최소 20% 이상은 나와야 한다.

둘째는 방안에 모든 가전, 가구를 완비하고 화장실까지 딸린 풀옵션 형태의 고시원이다. 요즘 신설되는 거의 모든 고시원은 풀옵션 형태로 이뤄진다. 같은 면적의 전통적인 고시원에 비해 방 개수는 60% 선이지만, 입실료를 높게 받을 수 있기 때문에 전체 매출은 비슷하거나 오히려 높다. 또한 입실자 수가 상대적으로 적기 때문에 운영자가 관리하기에 그만큼 쉽다. 다만, 초기 인테리어에 들어가는 비용이 상대적으로 큰 부담이 있다. 그런데도 대다수 입실자가 풀옵션 고시원을 선호하기 때문에 처음 고시원을 하는 사람이라면 풀옵션 형태를 추천한다. 풀옵션 고시원은 시설 경쟁력이 있고, 향후 최소 5년간은 시설 등에 큰 신경을 쓰지 않아도 되는 장점이 있다.

고시원의 유형을 결정했다면, 다음엔 이에 맞는 자금의 준비다. 전통적인 고시원은 1억 원 미만으로도 인수할 수 있는 데가 있을 정도로 선택의 폭이 크다. 다만, 맘에 드는 고시원을 구하기까지는 발품을 많이 팔아야 하는 단점이 있다. 전통 고시원은 1억 원에서 최고 3억 원 정도의 금액이면 대체로 인수자가 원하는 정도의 수익을 낼 수 있는 곳을 찾을 수 있다.

반면 풀옵션 형태의 고시원을 생각한다면, 비용은 보증금 제외하고 방 하나당 약 1,500만 원 안팎의 투자금을 생각해야 한다. 예를 들어 약 80평 정도의 건물 면적이라면 방을 약 20개 정도 만들 수 있고, 인테리어 공사 비용으로 약 3억 원 정도가 소요되는 것이다.

고시원을 하는 데 있어 가장 중요한 것은 건물을 찾는 일이다. 기존 고시원을 인수한다면 컨설팅 업자가 소개하는 물건 중 고르면 되지만, 풀옵션 고시원을 한다면 건물을 직접 찾아야 한다. 교통 연계성이 좋고 고시원에 거주할 만한 수요가 풍부한 지역에 있는 건물이 필요하기 때문에, 처음 하는 사람이라면 혼자 건물 찾는 게 어려울 수 있다. 이런 때는 신설 고시원을 주로 컨설팅하는 사람이나 풀옵션 고시원 전문 프랜차이즈 업체와 협력해 찾는 것이 좋다. 물론 각 프랜차이즈 업체가 제시하는 조건에 따라 추가 비용이 들 수도 있다. 반면에 아닌 곳도 있으므로 업체별 상담을 받아 자신에게 맞는 곳에 가입해 사업을 추진하는 것도 좋다.

그렇게 건물을 찾아 수익률 계산을 해보고, 괜찮다는 판단이 들면 권리금을 주고 인수하면 된다. 풀옵션 고시원이라면 협력 업체와 인테리어 공사 비용을 논의해 공사를 진행하면 된다.

인테리어 공사는 통상 3개월 정도 걸리니 이 기간에 주변 지역에 대한 특성을 익히고, 마케팅 기법을 공부하는 것이 좋다. 프랜차이즈 업체에 따라 마케팅을 함께 진행할 수도 있고, 일정 기간 아예 마케팅 교육을 해주는 곳도 있으니 업체별로 장단점을 잘 따져보고 자신에게 맞는 곳을 찾아 진행하면 된다.

이런 과정을 거치고 나면 고시원을 자신의 명의로 오픈해 운영할 수 있다. 기존 고시원을 인수하든 아니면 풀옵션 고시원을 신설하든 준비하는 과정이 있다. 따라서 처음 고시원을 하기로 결정하고 난 뒤에 최종적으로 오픈하기까지는 3개월에서 6개월 정도의 시간이 걸린다.

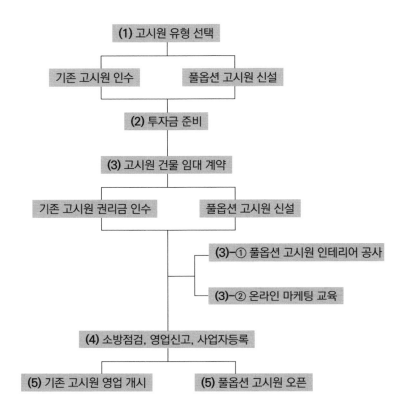

실패하기 위해 창업하는 사람은 없다. 누구나 시작할 때는 완벽하게 성공하는 최고의 시나리오를 꿈꾸며 첫발을 내디딘다. 당연히 모두가 성공할 수는 없지만, 본인이 그 수많은 실패자 중 하나가 되리라는 생각은 선뜻 와닿지 않는다. 어쨌든 성공 가능성을 높이기 위해서는 뭐든 일단 많이 알아두는 게 좋다. 어떻게 하면 성공적인 고시원 창업을 할 수 있을까? 성공 사례와 실패 사례를 통해 그 해답을 알아보자.

사례 1. 프리미엄 고시원 A

- 입지 : 서울 주요 대학가
- 특징 : 공유 주방, 개별 화장실, 개별 세탁기, 루프탑 라운지, 밝고 화사한 분위기
- 마케팅 : 네이버 블로그 포스팅, 메타 광고
- 운영전략 : 여성 전용, 캡스 등 보안 강조, 입실자 대상 간식 이벤트
- 성공요인 : 확실한 타깃 설정, 타깃 니즈에 맞춘 차별화된 시설 및 서비스, 타깃 특성에 알맞은 온라인 마케팅 활용

※ 적극적인 관리 마케팅으로 공실률을 최소화로 유지해 연 수익률 25% 이상 꾸준히 유지

사례 2. 일반 고시원 B

- 입지 : 수도권 지하철역 도보 5분 거리
- 특징 : 공유 주방 및 세탁실, 입실료 30만 원대, 미니룸 위주, 아늑한 분위기
- 마케팅 : 야외 X배너 설치, 네이버 플레이스, 고시원 정보 플랫폼 광고
- 운영전략 : 초역세권 교통편 강조, 입실료 할인 프로모션
- 성공요인 : 가성비 전략, 교통편 좋고 유동 인구 많은 최고의 입지 선택, 마케팅 비용 최소화로 비용 절감

※ 교통 편의성을 강조한 마케팅과 저렴한 입실료로 연 수익 25% 이상 달성

사례 3. 입지문제 고시원 C

- 입지 : 수도권 지하철역 도보 20분 거리
- 운영 : 유동 인구 부족, 입실자 모집 난항
- 결과 : 공실률 증가 → 운영 적자 발생 → 1년 만에 폐업
- 실패요인 : 입지 분석 및 시장조사 미흡, 마케팅 관심도 부족, 초기 공실률 관리 실패

※ 상대적으로 불리한 입지요인 및 교통 불편으로 만성적 입실자 부족에 시달림

사례 4. 시설미흡 고시원 D

- 입지 : 번화가 인근, 수도권 지하철역 도보 10분 거리
- 운영 : 방음 문제, 냉난방 시설 불량, 입실자 중도 퇴실 다수 발생
- 결과 : 공실률 증가 → 운영 적자 발생 → 2년 만에 폐업
- 실패요인 : 초기 투자 비용 극도의 절약으로 장기적 문제 발생, 시설 관리
  소홀, 고객 피드백 미반영

※ 초기 투자비용이 적게 들어 인수했으나 지하철과의 거리가 먼 입지로
인해 입주자 모집에 어려움을 겪음. 추가 투자로 시설 최신화를 고려했
으나 입지적인 약점 때문에 쉽사리 결정하지 못해 수익률이 계속 저하
되는 악순환 반복 중.

한마디로 요약하면 고시원 창업이 성공하기 위해서는 입지·시설·마케팅·운영 4박자가 야무지게 맞아떨어져야 한다. 역세권이지만 외진 골목 귀퉁이에 있는데, 예쁘게 꾸며서 여성 전용으로 운영한다면? 병원 실습생 등 3주 정도의 단기 임대 수요가 풍부한 곳인데, 무조건 한 달 이상 거주만 고집한다면? 운이 좋아 잘될 수야 있겠지만 굳이 어려운 길을 선택하는 모험은 되도록 하지 말자는 것이다.

첫째, 입지는 무조건 중요하다. 역세권, 대학가, 직장가 등 유동 인구가 많은 곳을 최우선으로 생각해야 한다. 둘째, 시설은 최적의 투자로 진행한다. 초기 비용 아끼려고 최소한의 투자만 고집하다가 외려 운영 중에 더 큰 지출이 발생할 수 있다. 셋째, 입실자 모집 마케팅 전략은 필수다. 지역과 타깃에 맞

는 온 · 오프라인 마케팅을 진행하고, 오는 문의마다 정성스럽게 응대한다면 공실은 자연스럽게 줄어들 것이다. 넷째, 운영 시스템을 효율적으로 구축한다. 고객 응대, 시설 점검, 청소 등 운영관리 매뉴얼을 정해두면 상황 발생 시 효과적으로 대응할 수 있다.

우연으로
시작되는
인연

3 우연으로 시작되는 인연

두 번의 악몽과도 같던 경험도 시간이 지나며 태민의 머릿속에서 점점 잊혀 갔다. 사람이 망각의 동물이라는 게 얼마나 다행인지. 최악의 상황까지 갔을 때, 이제 다시는 무모하게 일을 벌이지 않겠다고 다짐했건만 시간은 굳은 태민의 의지를 희석했다. 다시 한번 멋진 창업을 꿈꾸기 시작한 것이다. 샐러드 카페의 쓰라림을 겪은 지 석 달이 지나지 않아 태민은 다시 주변 지인을 찾기 시작했다.

예전과 달라진 것이 있다면 창업으로 나름 괜찮게 안착했다는 사람이 아니라, 망해서 연락이 끊긴 지인부터 수소문해 찾기 시작했다는 점이다.

태민은 그동안의 경험으로 그럭저럭 운영하는 사람들은 자기 상황을 조금씩 과장해서 말한다는 것을 알게 되었다. 창업시장이 어렵고 만만치 않다면서도 대부분 자신은 그래도 잘 되고 있다며 말했다. 자존심과 겹쳐 약간 부풀려 말한 것인데 태민은 그대로 믿었다. 그래서 뭐든 창업만 하면 기본은 할 수 있을 거로 생각했고, 그 사람들보다 더 큰 노력을 하면 훨씬 더 잘할 수 있을 거라고만 생각한 것이다. 이제 와 생각하니 모두 착각이었다. 찾아간 지인 중 열심히 하지 않는 사람이 없었다. 그래서 이번에는 창업했다가 망한 사람만 찾아가 보기로 한 것이다. 실패한 사람들의 말을 들으면 긴장감을 늦추지 않고 훨씬 더 신중하게 창업을 할 수 있을 거로 생각했다.

쉽지 않았다. 망한 사람일수록 자신을 숨기고 드러내지 않으니, 주변과 거의 연락되는 사람이 없었다. 끈질기게 수소문한 끝에 태민이 살던 아파트 단지 상가에서 수제 햄버거집을 차렸다가 2년 만에 그만두고 사라진 지인과 연락이 닿았다.

그는 과거 태민과 같은 아파트에 살다가 회사를 그만두고 창업했다. 젊은 부부가 싹싹하게 인사도 잘해서 태민도 창업한 가게를 몇 차례 방문한 적이 있는데, 어느 날 보니 인테리어를 철거하고 있었다. 준희에게 들은 바로는 고기나 채소를 최고급으로 써서 햄버거 가격이 높았는데, 원재료 가격 인상으로 인해 금액을 올렸다고 한다. 그러자 동네에서 외면받아 장사가 안되기 시작했고, 결국 임대 기간만 겨우 채워 나왔다고 한다. 동네 장사라고 해도 대단지 아파트여서 임대료가 거의 400만 원에 육박했기에, 인테리어비와 임대료 등을 생각해도 거의 2억 원 가까이 손해 봤을 거라고 했다.

태민이 겨우 알아낸 연락처로 여러 차례 전화를 걸어 거부 의사를 보이는 지인을 거듭 설득해 겨우 만나기로 약속했다. 한편으로는 씁쓸했다. 망한 사람에게 과연 배울 점이 있을까? 망한 이유를 섣불리 묻다가

'감정만 상하게 하는 건 아닐까?' 싶기도 했다. 막상 만나기로 한 날이 되자 조심스러웠다. 그렇지만 어차피 자신도 마찬가지였다. 조금만 삐끗하면 자신도 같은 처지가 될 것이었다.

약속 당일 태민은 상봉역 근처 카페로 향했다. 평일 낮에 한산한 카페에 들어서는데 안쪽에서 누군가 벌떡 일어나 태민을 맞이했다.

"안녕하세요. 인석이 아버지이시죠?"
"네, 안녕하세요. 오랜만에 뵙니다."

어색함과 반가움이 섞인 인사를 나누고 태민은 서둘러 두 사람 몫의 음료를 주문한 뒤 앉았다. 말끔한 얼굴을 하고 있었으나 덜 깎인 수염과 편하게 입은 듯한 옷차림은 직장에서 잠시 나온 사람의 모습이 아니었다. 젊은 사람이어서 가게를 그만둔 뒤 다시 회사에 다닐 것으로 예상했으나 외양으로는 그렇게 보이지 않았다. 태민의 눈빛을 보고 짐작한 듯 그가 먼저 말을 꺼냈다.

"햄버거집 하다가 그만둔 뒤로 지금까지는 그냥 잡일 하면서 지내고 있습니다."
"아. 네……."
"……."
"직장을 다시 다니실 것으로 생각했는데 아니군요."
"네, 갈 수는 있었는데 2년 이상의 공백이 생기니까 그만큼의 간극이 크더라고요. 지금 같으면 아무 소리 없이 일단 들어가고 나서 볼 텐데 그때는 자존심이 상해서 더 나은 조건을 찾게 되더라고요. 그 기간이 길어지다 보니까… 결국은….”

끝을 잇지 못하는 그의 말에서 그간의 고단함이 느껴졌다. 태민은 그 모습이 자신에게 겹치며 안타까움을 느꼈다. 자신이 겪을 일을 대신 겪어준 것처럼 미안한 마음이 들었다.

“그런데 뭐 때문에 저를 만나시려고….”
“아… 사실 저도 얼마 전에 회사를 그만뒀어요. 뭔가 조그맣게 가게라도 차려서 먹고살아야 하는데 경험이 전혀 없어서. 그래서 먼저 자영업을 해 본 사람에게 조언이라도 구하려고 하다 보니… 여기까지 오게 됐네요.”
“말아먹은 사람에게 뭐 들을 게 있겠어요.”
“…….”

사실 그랬다. 뭘 물어봐야 할지 몰랐다. 그렇다고 고약스럽게 왜 망했냐고 물을 수도 없었으니까. 인석이 아빠도 마찬가지였을 것이다. 내가 이렇게 했기 때문에 망했다며 말하기도 뭐했을 테니 말이다. 어색한 시간만 흘렀다. 찾아오지 않는 편이 더 나았을 수도 있었겠다고 생각했다. 침묵 끝에 간간이 예전 아파트에서 만나 인사를 나눈 얘기나 인석이가 똑똑했다는 얘기 등 전혀 도움 안 되는 얘기만 주고받았다.

겨우 인석이 아빠는 수제 햄버거집을 열 때 잘하면 가맹점을 받아서 프랜차이즈 회사로 키우고 싶었다고 얘기했다. 건진 건 거의 그게 유일했다. 태민과 똑같은 생각이 인석이 아빠에게도 있었다. '망하는 건 다 비슷한 이유가 있겠다'는 쓸데없는 생각이 들었다. 숨 막히는 긴 시간이 지나고 태민은 인석이 아빠와 카페를 나왔다. 그리고 상봉역으로 천천히 발걸음을 옮기는데 인석이 아빠가 따라오며 말했다.

　"저는 지금 일 배우느라 따로 나와서 살고 있어요. 애 엄마는 학교 때문에 용인에 있고요."
　"아… 그러시군요. 아까는 잡일 하신다고 해서… 공사장 다니시는 줄 알았네요."
　"저는 잠깐 여기 살고 있어요."

　인석이 아빠가 손으로 가리킨 건물에는 〈휴식 고시원〉이 자리 잡고 있었다. 태민이 고시원을 바라보자, 인석이 아빠가 미소 지으며 말을 이었다.

　"좁은 거 빼고는 화장실까지 방 안에 다 있어서 크게 불편하지는 않아요. 밥, 김치, 라면이 무료라서 잠깐씩 살기에는 괜찮고요."
　"혹시… 실례가 아니라면 사시는 고시원 잠깐 봐도 될까요?"

　갑자기 무슨 오지랖인지 태민은 인석이 아빠가 살고 있다는 고시원 내부가 궁금해졌다. 여태 말만 들었지 한 번도 고시원 내부를 본 적이 없었다. 그저 방송에서 고시 공부하는 사람이 고시원에 없다는 얘기만 들었을 뿐.

"뭐 크게 볼 건 없는데… 저는 괜찮으니 보고 싶으시면 보시죠."
"아, 네. 감사합니다. 저도 백수라 별로 할 게 없어서… 잠깐만 보고 가겠습니다."

고시원 창업 준비

고시원 창업에 필요한 기초적인 사항을 숙지할 필요가 있다. 전반적인 창업 과정에 대해 정확하게 알고 시작해야 몰라서 추가 비용을 들이고, 실패하게 되는 문제를 방지할 수 있다. 일단 진행하다 보면 자연스레 알게 되는 것도 많다. 그러나 시작하기 전 알아야 하는 것 또한 많다. 아는 게 힘이니 고시원과 관련된 것은 무엇이든 습득해 두는 게 최선이다.

이제 본격적으로 고시원 창업을 준비해 보자. 고시원 창업 프로세스는 단계별로 구분할 수 있다. 입지 선정 → 법적 절차 → 인테리어 → 운영 준비 총 네 단계로 나뉘는데, 사실 첫 번째 단계인 입지 선정이 가장 어려운 파트다. 조건 좋은 매물 찾는 것 자체가 쉽지 않고, 건물주와의 협의도 만만찮은 일이며, 모든 게 다 괜찮더라도 정작 예비 창업자 본인이 이런저런 이유로 마음에 안 들어서 애써 찾은 물건을 포기하기도 한다.

고시원 창업 과정		
① 입지 선정	〈고려사항〉 • 주거 수요 풍부 지역 • 지하철역 도보 5분 이내 • 인근 경쟁 고시원 현황 조사	〈체크리스트〉 • 인근 주거시설 시세 파악 • 주요 타깃군 분석 • 각종 편의시설 접근성
② 법적 절차	〈필수허가사항〉 • 건축물 용도 확인 • 소방시설 기준 충족 • 건축법 준수	〈허가절차〉 • 사업자등록 • 소방 시설 점검 및 신고 • 위생 및 안전 점검
③ 인테리어	〈필수시설〉 • 냉난방시설 (에어컨 및 보일러) • 공용시설 (주방 및 세탁실) • 보안시설 (도어락 및 CCTV) • 방음시설 (외부 및 벽 간 소음)	〈체크리스트〉 • 방 크기 및 구조 (공간 활용) • 개별 화장실 유무 (미니룸 vs 샤워룸 vs 원룸텔) • 기본 옵션 (침대, 책상, 옷장 등)
④ 운영 준비	〈진행사항〉 • 시설 및 청소 상태 점검 • 마케팅 전략 구축 • 오픈 프로모션 기획	〈오픈준비〉 • 예약 및 입퇴실 관리 체계 정립 • 상담 및 CS 프로세스 마련 • 계약서, 기본비품, 청소용품 구비

어렵사리 혹은 운 좋게도 순탄하게 괜찮은 매물을 찾았다면? 창업 비용 즉 초기 투자 금액을 계산할 때는 다음과 같은 항목을 고려해야 한다.

초기 투자 비용 리스트

- 건물 임대 : 건물 임대 보증금, 월 임대료, (필요 시) 권리금
- 시설 및 인테리어 : 리모델링, 도배 · 장판, 소방설비, 냉 · 난방 시설
- 가구 및 집기 : 침대, 책상, 의자, 옷장, 공용 공간 가구
- 설비 및 가전 : 인터넷, 세탁기, 냉장고, CCTV, 도어락
- 운영 및 기타 : 사업자등록, 인허가 비용, 초기 마케팅, 운영자금

투자 비용을 파악한 후에는 어느 정도의 수익이 예상되고, 얼마나 운영해야 투자금 회수가 가능한지 계산해 보자. 방법은 간단하다. 아래 예시에는 방이 25개인 고시원의 평균 입실료가 70만 원이라고 가정했다. 월 예상 매출에서 월 예상 운영비를 빼면 월 예상 순수익이 나온다. 이를 통해 산출한 연 순수익으로 투자금을 나누면 몇 년 내에 투자금 회수가 가능한지 대략 짐작할 수 있다.

투자금 회수 시뮬레이션

- 월 평균 입실료 : 70만 원
- 월 예상 매출 : 70만 원 × 20 = 1,400만 원
- 월 예상 운영비 : 약 550만 원 (임대료, 공과금, 유지보수 등)
- 월 예상 순수익 : 850만 원
- 투자금 회수 예상 기간 : 투자금 3억 원 → 연 순수익 1억 원 → 3년 내 회수 가능

고시원과
만나다

4 고시원과 만나다

    고시원으로 오르는 계단은 낡고 어두웠다. 고시원은 엘리베이터가 없는 낡은 상가 건물 4층에 있었다. 고시원 입구에 켜져 있는 밝은 등을 뒤로 하고 안으로 들어서자 딴 세상이 펼쳐졌다. 방금 올라온 계단과 전혀 다른 화사한 분위기였다. 마치 고급 호텔에 온 것 같은 느낌이었다.

    "여기가 공동 주방이고, 식사는 주로 여기서 해결해요."
    "아… 네."

    입구 옆에 자리한 공동 주방은 깔끔했다. 싱크대 옆에 밥솥과 전자레인지, 선반에 라면이 잔뜩 놓여 있었고, 4인용 식탁이 한쪽에 놓여 있었다.

"저 안쪽에 공동 세탁실이 있어서 거기서 빨래는 해결하고요. 여기가 제 방이에요."

"……."

인석이 아빠의 안내로 들어선 방은 첫눈에 보기에 굉장히 좁았다. 태민이 사는 아파트의 가장 작은 방보다도 작다는 생각이 들었다. 당황스러운 태민의 생각을 읽었는지 인석이 아빠가 먼저 말을 했다.

"보기엔 작아도 있을 게 다 있어서 잠만 자는 거 치고는 나쁘지 않아요."

"네…."

'네'라는 말 외에 달리 덧붙일 말이 없었다. 고시원 방 안은 두 사람이 들어서자 꽉 찬 느낌이었다. 방문 바로 옆에 화장실이 딸린 작은 방이었다. 방에는 침대와 책상 그리고 책장과 작은 옷장이 있었고, 한쪽 끝에 냉장고와 드럼세탁기까지 있었다. 한마디로 미니 오피스텔 느낌이었다. 작은 것만 빼면 생활하는 데 불편한 건 없어 보였다. 그럼에도 갑갑함이 느껴지는 건 어쩔 수 없었다.

"처음 보는데 생각했던 것보다 훨씬 좋네요. 좁아서 갑갑할 거 같기는 하지만 혼자 살기에 최적화되어 있네요."

"네, 저도 처음엔 좀 답답하고 그랬는데 이제는 편해요."

"여기가 한 달에 얼마인가요?"

"월 65만 원입니다."

"네? 생각보다 비싸네요."

"주변에 이것보다 싼 데도 많아요. 물론 비싼 곳도 있고요. 그래도 전기나 가스 같은 관리비를 따로 낼 필요도 없고, 보증금도 거의 들지 않아서 괜찮아요."

"더 비싼 곳도 있어요?"

"네, 방이 좀 더 크면 비싸지죠. 아무래도 큰 걸 선호하는 사람들이 있으니까요."

"그럼 더 싼 방은 더 작아지나요?"

"그렇기도 한데 크기는 거의 비슷하고요. 대신 옵션이 없죠. 화장실 같은 거요."

"아… 그렇군요."

방을 둘러보며 생각나는 것들을 다다닥 질문하고 나니 다시 어색한 침묵이 흘렀다.

"음료수 하나 드세요."

"네, 감사합니다. 여기 사는 분들이 몇 분이나 계세요?"

"방이 20개 정도 있는데 다 살고 있는지는 잘 모르겠네요."

"그럼, 여기 주인은 매월 1,300만 원이 들어오는 거네요."

"공실이 없으면 그렇겠죠. 저도 수제 햄버거집 하지 말고 고시원이나 할 걸 그랬어요."

"……."

태민은 침묵으로 동의했다. 맞는 말이다. 음식을 파는 건 매번 새로운 고객이 방문해 주기를 기다려야 하는 일이다. 장사가 잘되는 날에도 항상 안 되는 날을 걱정해야 하는 일. 오늘 손님이 너무 많이 와서 힘들지만, 당장 내일은 파리가 날릴 수 있는 게 바로 음식 장사다. 태민도 경험한 일이다. 그에 반해 고시원은 사람이 들어차기만 하면 끝이다. 들어온 사람을 관리만 하면 되는 일. 매번 새로운 사람이 오기를 기다리지 않고, 있는 사람에게만 잘하면 되는 일이다.

어찌 보면 자기에게 주어진 일만 열심히 하던 직장인 출신에게는 고시원을 운영하는 것이 '딱' 맞을지도 모르겠다는 생각이 들었다. 매번 새로운 사람에게 홍보하고, 가게에 방문해 주기를 기다리는 일은 태민과 같은 사람에게 힘든 일이었다. 매일 새로운 사람을 끌어당겨야 하는 일보다는, 한 번 사람을 끌어당긴 뒤 그걸 관리만 하면 되는 편이 훨씬 더 매력적으로 느껴졌다.

"근데 이런 곳에서 사는 사람이 많을까요?"

"생각보다 많더라고요. 저도 처음에 원룸을 알아봤었는데 보증금이 부담스럽기도 하고, 전기나 가스로 추가 지출이 부담스러워서 여기로 왔거든요. 여기 사는 사람 대부분이 저랑 비슷한 생각이에요."

"여기는 월세만 내면 관리비는 따로 내지 않는다고 하셨나요?"

"네, 추가로 내는 건 없어요. 더욱이 라면, 밥 그리고 김치까지 주니 저같이 임시로 몇 달 거주할 곳 찾는 사람에게는 딱 맞죠."

"……."

"원룸하고 비교하면 여기 있는 게 훨씬 이득이에요. 물론 좁은 건 감수해야 하지만요."

"수요만 많다면 골치 아프게 장사하는 것보다 고시원 하나 하는 게 최고네요."

"그렇죠. 근데 이거 하려면 돈이 꽤 들겠죠. 인테리어며 가전, 가구 등의 집기도 다 갖춰야 하니까요."

"혹시 이거 하나 하면 얼마나 드는지 아세요?"

"글쎄요. 아마 3~4억 원은 들지 않을까요?"

태민은 인석이 아빠와 헤어진 뒤 근처에 있는 부동산을 찾았다. 고시원 건물 임대료를 확인해 볼 심산이었다. 고시원 매출이 얼마인지 알았으니, 임대료만 알면 대략의 수익을 계산할 수 있을 거로 생각했다.

"어서 오세요!"

"네, 저 사무실 좀 알아보려고 하는데요."

"몇 평짜리 알아보세요?"

"저기 고시원 건물 정도 되는 크기로…."

"〈휴식 고시원〉이요? 거기는 80평 정도 되는데 꽤 큰 데를 알아보시네요?"

"네… 그 정도면 임대료가 얼마나 할까요?"

"그 건물은 나온 게 없고… 근처에 60평 정도 되는 신축 건물이 있는데 괜찮으세요?"

"거긴 얼마예요?"

"보증금 5,000만 원에 월세 550만 원으로 나와 있어요."

"와우… 비싸네요."

"네, 아무래도 고시원 건물보다 작은데 신축이라 좀 비싼 편이죠."

"고시원 건물은 어느 정도예요?"

"거긴 오래돼서 좀 싸요. 보증금 4,000만 원에 월세 400만 원이요."

"어휴 그래도 좀 비싸네요. 일단 회사에 가서 다시 논의해 보고 올게요."

"연락처 하나만 주고 가세요."

태민은 예전 회사 명함 하나를 건네고는 뛰는 가슴을 안고 밖으로 나왔다. 그러고는 머릿속으로 계산을 해봤다. 1,300만 원에서 월세 400만 원, 그리고 관리비는… 아차 싶었다. 관리비를 물어봐야 했는데 얼결에 들른 탓으로 그저 임대료만 물어봤다. 다시 부동산으로 걸음을 돌렸다.

"저기 관리비는 얼마예요?"

"신축 건물은 엘리베이터가 있어서 월 30만 원 정도 나와요."

"고시원 건물은요?"

"거긴 관리비는 따로 없는데 매월 청소비로 10만 원 정도 받을 거예요. 그것도 관리비긴 하네요."

"알겠습니다. 감사합니다."

뜨내기손님이라 여겼는지 부동산은 아까와 달리 시큰둥하게 대답하고는 곧바로 컴퓨터 화면으로 시선을 돌렸다. 고시원에 대해 아무것도 몰랐지만, 태민의 머릿속은 복잡했고 가슴은 뜨거워졌다. 손님을 채우기만 하면 무조건 되는 장사라는 생각이 들었다. 음식점 같은 건 매번 새로운 손님을 받아야 하는데 이건 너무 쉬운 장사였다. 마음이 급했다. 빨리 집에 돌아가서 고시원에 대해 알아보고 싶은 생각만 들었다.

이런 쉬운 장사가 있다는 걸 왜 이제까지 몰랐을까? 1,300만 원에서 월세 400만 원을 빼면 900만 원이 남는다. 기타 전기세나 관리비 등을 감안하더라도 엄청나게 남는 장사였다. 생각할수록 흥분됐다. 최대한 빨리 고시원에 대해 알아보고 괜찮다는 생각이 들면 해봐야겠다는 생각에 먼저 서점으로 향했다. 서점에서 고시원과 창업에 관련된 책을 구해 읽어보면 뭔가 감이 오지 않을까 싶었다. 지금 상태로는 고시원에 대한 정보를 들어도 제대로 이해할 수 있을 것 같지 않았다.

《고시원 창업 분투기》

태민은 창업 서적 판매대에서 고시원 관련 책을 찾다가《고시원 창업 분투기》라는 책을 골라잡았다. 프롤로그에 있는 '고시원을 통해 당신이 평범한 사람에서 더 큰 사람이 되기를 기대한다'는 말이 와닿았다.

　그대로 서서 정신없이 읽었다. 소설 형태로 써서 그런지 술술 익혔다. 고시원에 대한 막연한 감정이 어느 정도 가시는 느낌이었다. 태민은 책을 사서 집으로 향했다. 집으로 돌아와 밤을 새서 책을 읽으며 고시원이 어떤 것인지를 대략 알게 됐다. 책을 읽으며 몇 가지 궁금증이 생겼지만, 누구에게 물어봐야 할지 알 수 없었다. 인터넷을 뒤져봤지만, 서로 다른 말이 많아서 뭐가 맞는 말인지 구분할 수 없었다. 지금 눈앞에 있는 정보가 사실인지 아닌지를 구별할 수 없는데도 당장 할 수 있는 건 계속 찾아보는 수밖에 없다는 것에 갑갑했다.

고시원창업엑기스

고시원 업계 트렌드

⊘ **프리미엄 고시원 :** 열악한 환경의 대표주자였던 기존 이미지에서 벗어나, 공간이 다소 협소하더라도 호텔급·오피스텔급 시설을 강조하는 '프리미엄 고시원'이 증가하고 있다. 방마다 개인 화장실을 갖춘 원룸텔 형식에다가 침대, 책상, 옷장 등이 구비된 풀옵션 구성이 특징이다. 타깃에 맞추어 루프탑 라운지를 꾸미거나, 커뮤니티 공간을 넓게 빼거나, 공용 공간에 커피머신을 설치하는 등 프리미엄 고시원의 고급화는 현재진행형이다. 이렇게 운영 중인 프리미엄 고시원의 입실료는 대략 60~80만 원 선이다. 참고로 일반 고시원의 입실료는 약 30~50만 원 정도다. 더러는 입실료가 100만 원 가까이, 혹은 그 이상이기도 하는데, 이 경우는 코리빙 하우스에 가까우니 따로 설명하겠다.

⊘ **코리빙(Co-living) 하우스 :** '코리빙'이란 개인 공간과 공유 공간의 개념을 극대화한 주거 형태다. '프리미엄 고시원이랑 뭐가 달라요?'라고 묻는다면, 아직 이 개념이 완전히 명확하진 않지만, 여러 곳에서 주워들은 것을 종합해 보면 '커뮤니티'가 그 차이를 결정짓는다. 상가 일부 층을 임차하여 운영하는 고시원과 달리, 핵심인 공유 공간을 위해 통건물을 사용하는

것도 '코리빙 하우스'의 전형이다. 다양한 공유 공간은 물론 각종 프로그램 진행을 통해 '따로, 또 같이'라는 핵심 키워드에 집중한 것이다. '코리빙 하우스'는 20~30대, 그중에서도 비교적 소득 수준이 높은 1인 가구를 타깃으로 한다.

⊘ **풀옵션 기본화 :** 고시원을 찾는 고객들은 기본적으로 단기 거주 목적인 경우가 많다. 따라서 숙박업처럼 생활에 필요한 가전 가구를 구비하여 풀옵션으로 제공하는 것을 기본으로 여긴다. 이전에는 단순히 침대와 책상 정도만 있었다면, 요즘은 방마다 개별 에어컨, 개인 냉장고, 더 나아가 개인 세탁기와 개인 전자레인지까지 제공하는 추세다.

⊘ **타깃 다양화 :** 과거엔 고시생 중심이었지만, 최근 고시원 시장에는 여러 수요층이 유입되고 있다. 대학생, 실습생, 직장인, 외국인 등 다양한 형태의 1인 가구 전체가 타깃이 된 것이다. 따라서 고시원의 주요 타깃에 따라 차별화된 운영 전략이 필요하다. 예를 들어, 유학생 수요가 많은 지역이라면 외국인 대상 영어 안내문을 작성하고, 글로벌 숙박 플랫폼을 활용하여 입실자를 모집할 수 있다.

고시원 시장의 트렌드는 분명 '프리미엄 풀옵션 고시원'이다. 그러나 기존 형태의 고시원들이 아예 사라질 것이란 말은 아니다. 출퇴근 혹은 통학하는 평일에 잠깐 잠자는 용도로만 사용하고, 주말에는 본가로 들어가 생활하는 사람이라면? 이렇듯 고시원 내에서 생활하는 시간이 그리 길지 않은 경우에는

시설보다 가격 측면을 고려하여 선택하는 경우가 많다. 이처럼 일반 고시원도

가격 경쟁력으로 밀고 나가면 충분히 수요가 있는 편이다.

고시원
프랜차이즈란
무엇인고?

5 🏢
고시원 프랜차이즈란 무엇인고?

그렇게 고시원을 둘러보고 책을 사 본 뒤에도 태민의 머릿속에는 여전히 1,300만 원이 떠다녔다. 인터넷과 유튜브 등을 통해 알아본 고시원은 그야말로 물 반 고기 반이었다. 처음 유튜브에서 고시원을 검색하니 나오는 영상이 〈고시원 절대 하지 마라〉는 제목이었다. 그런데 전체적인 논조와 결론은 '제대로 알고 하라'는 것이었다. 적어도 태민의 귀에는 그렇게 들렸다. 그중에서도 가장 와닿은 한 가지는 같은 면적을 기준으로 했을 때 고시원의 임대료가 가장 높다는 사실이었다. 다른 수많은 영상도 결국 마찬가지 얘기를 하고 있었다. 더는 필요 없었다. 모든 영상에서 말하는 결론은 제대로 하면 고시원이 최고라는 것이다.

다만, 영상을 통해 알 수 있는 건 그저 마음가짐이 중요하다는 것 정도였고, 비용이 실제 얼마가 필요한지, 수익을 얼마나 챙길 수 있는지에 대해 상세하게 알려주는 건 찾기 어려웠다. 그밖에 영상을 보며 고시원 창업을 컨설팅해 주는 업체가 있다는 것을 알게 되었고, 고시원 프랜차이즈 회사가 있다는 것도 알게 되었다. 결국 진짜 정보는 그런 업체와 미팅을 해야 알 수 있을 것이었다. 진짜 내부 정보는 유튜브에서 찾을 수 없었다. 여기까지만 해도 대단한 정보였다. 이제까지 전혀 몰랐던 세계였다. 알면 알수록 새로웠다.

태민은 인터넷을 통해 여러 고시원 프랜차이즈 업체 홈페이지를 찾아봤다. 홈페이지 속 고시원은 인석이 아빠를 통해 본 곳보다 훨씬 화려하고 멋졌다. 마치 호텔과 같은 모습이었다. 한동안 여러 홈페이지를 다니며 고시원을 구경했다. 태민은 그중 한 곳에 연락해 미팅을 잡았다.

약속 시간에 맞춰 찾아간 고시원 프랜차이즈 업체의 사무실은 무척 깔끔했다. 잠깐 기다리니 담당자라며 소개하고 나를 회의실로 안내했다.

"고시원에 관심 있으신 거죠?"

"네, 아는 분이 고시원에 사는데, 가봤다가 고시원이 괜찮은 아이템 같아서요."

"네, 혹시 원하시는 지역이 있으세요?"

"어… 아직 그렇게 구체적인 생각은 못 했고요. 창업하는 데 드는 비용부터 좀 알아보려고요."

"고시원은 가맹점주의 가용 자산에 맞춰서 할 수 있고요. 중요한 건 지역을 먼저 결정하시는 거죠. 혹시 건물을 가지고 계시나요?"

"네? 아니요, 그건 아니고."

"가맹점주 대부분 거주지와 가까운 곳에서 창업하시는 걸 선호해서요. 어디 지역에 사세요?"

"저는 굳이 상관은 없는데 사는 곳은 신정동이요."

"점주분이 원하는 지역과 규모를 알아야 대략의 투자 비용을 산출할 수가 있어요. 그러니 그 두 가지를 먼저 결정하셔야 투자 비용 판단을 하기에 좋습니다."

"대략적인 투자 비용은 얼마나 될까요?"

"지역마다 건물 임대료가 다르고, 고시원 입실료가 다를 수 있기 때문에 평균을 내기가 좀 어려워요. 또 임대 조건에 따라 수익이 얼마나 날 수 있을지도 천차만별이거든요."

서로 간 보듯 얘기가 겉도는 느낌이었다. 정보를 주는 것도 아니고, 안 주는 것도 아닌 상황에서 지루한 대화만 오가고 있었다.

"방 20개 정도 있는 고시원을 운영해 보고 싶다면 어느 정도 비용이 들까요?"

"음… 살고 계신 곳이 신정동이라고 하시니까 거기 기준으로 말씀드릴게요."

"네네…."

"각 방 안에 화장실은 물론 모든 가전, 집기를 포함하는 인테리어 비용이 대략 방 한 개에 1,500만 원에서 1,600만 원 정도입니다."

"보증금과 월세는 어느 정도 수준일까요?"

"신정동도 구역별로 임대료 차이가 커서 평균으로 말씀드리긴 어려워요. 대략 보증금 3,000~5,000만 원 기준으로 월세는 300~450만 원 정도 생각하셔야 할 겁니다."

"그럼, 방 입실료는….."

"풀옵션이니까 대략 60~75만 원 사이로 봅니다. 다만, 지역 시세 조사를 해봐야 좀 더 정확한 입실료를 산출할 수 있어요."

"네… 그렇군요."

"고시원을 새로 하게 되면 시간은 얼마나 걸릴까요?"

"괜찮은 건물을 찾는 데 의외로 시간이 오래 걸려서요. 일괄적으로 어느 정도 시간이 걸린다고 말씀드리기는 애매해요."

"그래도 기존 사례로 대략적인 기간은 알 수 있지 않나요?"

"건물이 있다고 가정하면 인테리어 하는 데 대략 3개월 정도 걸리니 그 정도 생각하시면 됩니다."

태민이 질문하면 대답은 하지만, 뭔가 서로의 대화가 겉도는 느낌이 들었다. 핵심적인 내용은 빼고 대답해 주고 있는 듯했다. 아니면 상담 하는 직원이 잘 모르고 있을 수도 있겠다는 생각이 들었다.

"혹시 기존에 하고 있던 걸 인수할 수도 있나요? 그런 걸 본사에서 소개해 주시나요?"

"저희에게 연락이 오면 소개해 드리는데 아직 그렇게 한 경우는 없는 걸로 알고 있습니다."

"다들 만족해하시는 걸까요?"

"그건 저희도 파악하기 어렵습니다. 그동안 저희에게 매각해 달라고 의뢰한 경우가 없는 걸로 봐서는 대부분 운영하면서 만족하신다고 봐야겠죠."

"여기 가맹점 고시원 중에 본사에 대해 가장 큰 불만으로 말하는 건 어떤 게 있을까요?"

"네?" 불만이요?"

"네, 아무래도 없을 순 없을 것 같아서요."

"고시원 운영은 각 원장님이 알아서 하시는 거고, 저희는 인테리어 공사를 해서 오픈하시는 것까지만 돕는 거죠. 이후 운영은 스스로 하시는데⋯."

"그럼, 가맹점들은 오픈 이후 본사와 별도의 도움을 주고받지는 않나요?"

"거의⋯ 그런 셈입니다."

"그럼, 가맹점을 한다고 해서 추가 비용이나 로열티 같은 걸 본사에 납부하는 것도 없나요?"

"네, 그런 건 없습니다."

"여기 브랜드를 쓰는 거에 대한 비용도 없는 거죠?"

"네, 그건 그냥 서비스로 해 드리는 겁니다. 그리고 다른 브랜드를 하겠다고 해도 상관없고요."

더는 듣지 않아도 알 것 같았다. 확실히 여기는 아니었다. 가맹점에 대한 사후관리는 제대로 하고 있지 않은 듯했다. 가맹점이라고는 하지만, 거의 인테리어만 해주는 수준인 듯했다.

이후에도 별 영양가 없는 이야기를 몇 마디 주고받은 후 태민은 프랜차이즈 업체 사무실을 나왔다. 도움이 되는 것도 있고, 도움이 안 되는 것도 있었다. 여기 한 곳에서 들은 얘기로만 전체를 판단하기는 힘들었다. 한두 곳 더 찾아가 본 뒤 각 회사가 이야기하는 것을 비교해야 대략적인 투자 비용과 수입을 산출할 수 있을 듯했다.

처음 고시원이라는 창업 아이템을 알게 되고, 아무것도 몰랐던 고시원 세계에 대해 점점 더 알아가는 재미가 쏠쏠했다. 고시원에 대한 정보를 알아갈수록, 자신처럼 새로운 환경에 노출되는 것에 거부감이 있는 사람에게 고시원은 괜찮은 사업인 것 같았다. 처음 손님을 들일 때만 어렵지, 이후에는 같은 손님을 관리하기만 하면 되니 크게 부담도 없을 것 같았다.

다만, 투자 비용이 생각보다 높다는 점이 걸렸다. 보증금을 포함하면 최소 3억 원 이상을 먼저 투자해야 한다는 얘기였다. 그래도 임대료 수준을 감안하면 꽤 많은 돈을 매월 벌 수 있겠다는 생각이 들었다. 방 개수가 한정되어 있어서 매출을 무한정 올리는 것은 불가능하지만, 그래도 안정적으로 꽤 높은 수익률을 올릴 수 있기에 고시원은 참 매력적인 창업 아이템이었다.

그 외에도 고시원의 종류가 다양하다는 것을 알게 된 것도 큰 수확이었다. 인석이 아빠가 사는 곳처럼 모든 것이 갖춰진 풀옵션 고시원이 투자금이 가장 비싸긴 했지만, 그만큼 입실료도 높게 받을 수 있었다. 이런 고시원은 누군가 운영하던 것을 인수하기도 하지만, 대부분 프랜차이즈 업체를 통해 새로 인테리어를 하고 시작하는 경우가 많았다. 누군가 운영하던 것을 인수하는 경우 시설 노후를 감안해 투자 비용이 적게 들기도 하지만, 그만큼 자신이 운영하며 추가 지출이 필요할 때가 많아 전체적으로 보면 비용은 거의 비슷했다. 오히려 처음부터 새로 하는 편이 나을 수도 있겠다는 생각이 들었다. 이래저래 많은 생각이 머릿속에서 복잡하게 움직이고 있었다.

고시원 관련 법규

고시원 창업 시 준수해야 할 법규로는 소방법과 건축법이 있다. 특히 각종 사건 사고와 정부의 주거 환경 개선 정책에 따라 법적 규제가 강화된 상태이다. 위반 시에는 벌금, 영업정지, 폐쇄 명령 등의 처벌이 있으니 반드시 숙지하고 진행해야 한다.

구분	분류	필수 요건	처벌 규정
소방법	다중이용업소	• 스프링클러 의무 설치 • 1개 층당 2개 이상의 비상구 확보 • 방마다 화재 감지기 및 경보 장치 설치 • 방과 복도 사이 방화문 또는 자동 닫힘 장치 설치 • 소방시설 점검 연 1회 이상 • 소방교육 필수 이수	• 스프링클러 미설치 : 영업정지 또는 강제 폐쇄 조치 • 비상구 미확보 : 시정 명령 후 미이행 시 과태료 최대 1천만 원
건축법	다중생활시설	• 방당 면적 : 전용면적 7㎡ 이상, 화장실 포함 9㎡ 이상 • 창문 의무 설치 : 유효 폭 0.5m · 유효 높이 1m 이상 크기, 실외와 접할 것, 화재 등 유사시 탈출 목적 • 방음 기준 준수 : 층간 소음 및 벽간 소음 방지 조치 • 복도 폭 : 편복도 폭 1.2m 이상, 중복도 폭 1.5m 이상	• 창문 미설치 : 사용 승인 거부, 이행강제금 부과 • 복도 폭 미준수 : 설계변경 요구 또는 준공 허가 불가

고시원 컨설팅 업자는 또 뭐?

6 🏢
고시원 컨설팅 업자는 또 뭐?

풀옵션 외에 다른 형태의 고시원은 프랜차이즈 업체에서 취급하고 있지 않아서 그런 물건을 알아보려면 고시원 컨설팅을 하는 업체 담당자와 만나봐야 했다. 태민은 유튜브에서 본 영상 속 연락처를 남긴 곳에 전화를 걸어 고시원을 창업하고 싶다며 만남을 요청했다. 흔쾌히 약속을 정하는 전화기 건너편 사람의 목소리가 믿음직스러웠다.

"생각하고 있는 지역이 있으세요?"

인사를 나눈 뒤 자리에 앉자마자 컨설팅 업자의 첫 질문은 지역에 관한 얘기였다. 우락부락한 모습의 컨설팅 업자는 외모처럼 직설적으로 질문부터 던졌다.

"음… 살고 있는 지역이 신정동이라 그쪽으로 관심을 두고 있어요."

"고시원에 대해 좀 알아보셨어요?"

"아니요, 이제 좀 관심이 생겨서요."

왠지 모르게 아무것도 알아보지 않은 척하는 게 좋을 듯했다. 아는 척했다가 들을 정보도 제대로 못들을 수 있으니 말이다. 사실 컨설팅 업자의 분위기상 태민이 뭐라고 하든, 자기가 하고 싶은 말은 다 할 것 같기는 했다.

"기존 고시원을 인수하는 것과 새로 창업하는 방법이 있는데 어떠세요?"

"각각의 장단점을 잘 몰라서요."

"간단히 설명해 드리면 새로 창업하는 건 일단 투자금이 많이 들어요. 요즘 신설되는 고시원은 방 안에 모든 가전과 가구 및 화장실까지 설치하거든요. 그만큼 입실료를 많이 받지만, 초기 투자비가 부담스럽죠."

"아아⋯."

"반면에 기존 고시원을 인수하면 상대적으로 비용이 적게 들어요. 대부분 허가 받은 권리를 함께 인수하기 때문에 새로 바뀐 고시원 관련법 규정도 피해 갈 수 있고요. 다만, 기존 고시원을 인수하면 시설 개·보수하는 비용이 좀 들 수 있어요. 아무래도 수리해야 할 것을 임시로 고쳐서 운영하는 곳이 많거든요. 대신, 그런 걸 좀 고치고 나면 수익도 더 많이 나올 수는 있죠."

"그렇군요. 사장님이 보시기에 어떤 쪽이 수익성 면에서 더 좋은가요?"

"처음부터 인테리어를 새로 해서 창업하든 기존 걸 인수하든 수익성은 대개 비슷해요. 속아서 돈을 많이 주고 차리지 않는 한 수익률도 그렇고요. 다만, 새로 창업하는 게 장기적인 면에서 경쟁력이 있기는 하죠."

"그렇겠네요."

"시설이 새것이라서 입실자의 선호도가 높고요. 또 입실료가 상대적으로 높아서 입실자 수준이 그에 맞춰 높아지니까 관리도 쉬운 편이에요."

"높은 입실료를 내는 사람을 관리하기가 훨씬 편하다는 말씀이죠?"

"네, 당연히요. 입실료가 비쌀수록 괜찮은 직장을 다니는 사람이 많아서 입실료를 연체하는 때도 적고요."

"그런 면이 있군요. 신기하네요."

"네, 그래서 같은 투자 비용이라면 입실료가 비싼 고시원이 창업하시는 분 입장에서는 훨씬 더 좋습니다."

"그럼, 예를 들어서 기존 고시원을 인수해 새로 인테리어를 하고, 화장실을 개별로 설치하는 건 어떤가요? 그렇게 하면 비용이 적게 들고, 경쟁력도 높아질 수 있지 않나요?"

"그렇게 할 수도 있기는 한데 거의 불가능해요. 일단 기존 고시원은 화장실이 없는 만큼 방의 크기가 작은 경우가 많아요. 그래서 화장실을 넣기가 만만치 않고, 화장실 배관 등을 설치하려면 바닥을 다 뜯어내고 새로 작업을 해야 해서 돈이 많이 들어요."

"큰 곳을 찾기만 하면 가능하지 않을까요?"

"말씀드렸다시피 비용만 이중으로 들이고 고생할 가능성이 높아요. 또 기존 고시원은 먹방이라고 각 방에 창문이 없는 경우가 많은데, 새로 바뀐 법규로는 각 방이 모두 외부로 향한 창문을 갖춰야 합니다. 이 규정 맞추는 게 굉장히 까다로워서 기존 고시원을 인수해 새로 고치면 방 개수가 줄어들 수밖에 없어요. 수익률이 확 떨어지게 될 겁니다."

"그렇군요."

"안 하는 것만 못한 결과가 될 거예요. 차라리 기존 고시원을 인수해서 일부 수리만 하고 운영하거나, 아예 새롭게 하는 것 둘 중 하나를 선택해서 하는 게 가장 현실적입니다."

"네… 혹시 새로 창업하는 건 비용이 얼마나 들까요?"

"지역에 상관없이 80평 안팎이면 방이 대략 20개 정도 나올 수 있고요. 인테리어 비용은 방당 1,400~1,800만 원 사이예요. 여기에 보증금 합하면 대략적인 초기 투자 비용이 나오게 됩니다. 이 정도만 돼도 충분히 수입이 괜찮아요."

"그럼, 기존 고시원을 인수하게 되면 비용이…."

"나와 있는 매물 기준으로 말씀드릴게요. 지금 신정동에 매물 1개 있고요. 평수는 90평에 방 개수는 32개고요. 평균 입실료가 45만 원입니다. 만실인 경우 월 1,440만 원의 수입이 가능합니다."

"권리금은 얼마인가요?"

"지금 원장님은 2억 8,000만 원에 내놨는데 시설이 낡은 데가 있고, 인수하는 분이 수리를 좀 해야 할 수도 있어서 조율하면 천만 원 정도는 낮출 수 있을 겁니다."

"보증금하고 월세는요?"

"관리비는 따로 없고 보증금 3,000만 원에 월세 350만 원입니다. 근데 원장님이 바뀌면 건물주가 월세를 10% 정도는 올릴 거예요. 5년 동안 월세를 올린 적이 없어서요."

"음… 거기 인수할 만한 가치가 있을까요?"

"인수하는 분이 하기에 따라서 크게 다르죠. 적극적으로 수리도 하고, 광고도 하면 괜찮아요. 근데 인수해서 총무에게 일을 맡기고 가끔 둘러보는 식으로 운영하면 힘들어요."

"다른 곳이라도 나와 있는 매물이 혹시 있나요? 저는 굳이 신정동 아니어도 괜찮은데요."

"신림동에도 하나 있습니다. 거긴 방이 40개고 평균 입실료가 39만 원입니다. 보증금과 월세가 각각 5,000만 원에 370만 원이고, 권리금은 3억 원에 나와 있습니다."

"말씀하신 그 두 곳이 지금 잘 운영되고 있는 곳인가요?"

"네, 운영은 잘 되고 있습니다. 두 곳 모두 원장님들이 여러 개 가지고 계시다가 힘들어서 하나씩 매각하는 거라서요. 만약 사장님이 인수하게 되더라도 적극적으로만 하시면 큰 문제 없습니다."

뻔한 얘기였다. 큰돈을 들여서 하는 건데 인수해 놓고 남에게 맡겨 놓기만 할 생각은 없었다. 하지만, 낡은 시설이라는 게 망설여졌다. 처음 고시원을 운영하는 처지라 입실자 관리하고 홍보하는 것도 바쁠 텐데 시설까지 수시로 수리해야 하는 상황이면 정신없을 것 같았다. 태민의 생각을 읽었는지 컨설팅 업자가 말을 덧붙였다.

"초기 투자 비용이 조금 더 들더라도 처음 하시는 분이면 아예 새로 인테리어 하는 걸 추천하는 쪽이에요. 아무래도 전문업체가 알아서 다 해주니까 시설 면에서도 경쟁력이 있고, 다른 거 신경 안 쓰고 입실자 마케팅에만 집중할 수 있거든요. 고시원 시설은 한 번 해두면 최소 5년 은 크게 건드릴 것이 없거든요. 가끔 지저분하게 쓴 방 도배 정도만 해 주면 되니까요."

태민도 동의하는 부분이었다. 고객 마케팅에만 신경 쓰고 싶었다. 도 저히 시설 수리까지 한꺼번에 할 자신이 없었다. 수리하다가 공사 소음 으로 기존 입실자를 잃을 수도 있었다.

"새로 한다고 가정하고, 좀 전에 말씀하신 그 정도 매출이 나오려면 어느 정도 비용이 들까요?"
"월 1,200만 원 정도의 수입이요?"
"네."
"신축은 거의 100% 풀옵션이고, 입실료가 적어도 60만 원은 나오니 까. 방은 20개 정도 있으면 되고요. 여기에 인테리어를 한다면 3억 원 에서 왔다 갔다 하겠네요. 인테리어를 좀 좋게 하면 3억 5,000만 원도 나올 수 있고요."
"인테리어를 좀 더 저렴하게 해서 비용을 적게 할 수도 있나요?"

"자재비나 공사 인건비 등이 많이 올라서 그 정도가 최선이에요. 앞으로는 좀 더 오를 가능성이 높아요. 현재로선 방 20개 정도의 고시원은 거의 그 정도가 최선이에요."

앞서 프랜차이즈 업체에서 들은 내용과 거의 동일했다. 업계의 암묵적인 룰이 있는 건지 아니면 그 정도가 진짜 하한선인지는 몰랐다. 그러나 평균적으로 월세 60만 원 이상을 받을 수 있는 방 하나를 1,500만 원 정도면 만들 수 있다는 얘기니, 과연 같은 면적 기준으로 고시원이 가장 임대료가 높은 상품인 것은 확실한 듯했다.

결정적으로 태민의 마음이 신축으로 쏠린 것은 관리해야 할 입실자가 적다는 부분이었다. 입실자가 많으면 그만큼 전기세나 가스비 등의 관리비가 많이 들 것이고, 무료로 제공하는 부식 등도 많이 소비될 것이었다. 모든 면에서 비용이 증가하는데 굳이 입실자가 많고 노후한 고시원을 택할 이유가 없었다. 차라리 초기 비용을 더 쓰더라도 향후 관리가 쉬운 걸 택하는 것이 훨씬 더 이득이었다. 컨설팅 업자가 말하는 부분도 그런 의미였다.

여기에 더해 컨설팅 업자는 가장 중요하게 생각하는 부분을 지적했다. 월세를 35만 원 내는 사람보다 60만 원 이상 내는 사람이 관리 측면에서 훨씬 더 편하다는 내용이었다. 생활의 여유가 있고 없고 차이가 관리자 입장에서 굉장히 중요하다는 말이 와닿았다. 경험적으로 높은 월세를 내는 사람은 직업을 가지고 있을 확률이 훨씬 더 높아서 월세가 밀릴 확률도 적다고 했다. 태민 입장에서 보면 새로웠고 모두 다 맞는 말이었다. 같은 조건이면 최대한 쉬운 걸 선택해야 했다. 고시원을 한다면 신축으로 해야겠다는 생각이 들었다.

"그럼 내친김에 신축으로 할 만한 상가를 소개받을 수 있을까요?"

"네, 그럼 어느 정도 크기를 생각하고 계세요? 방 개수로 말하면 편하겠네요."

"방은 20개 정도가 좋은 거 같은데, 인테리어 비용을 감안하면 최대가 그렇고 15개 정도도 괜찮은 거 같습니다."

"지역은 신정동을 선호하시는 거죠?"

"네….."

"그럼 신정동 쪽으로 임대료는 시세에 맞추는 거로 하고, 물건을 먼저 구한 뒤에 나머지 인테리어 비용 등은 그때 협의하도록 하시죠."

"네, 그럼 인테리어도 직접 다 해주시는 건가요?"

"네, 직영 건축팀이 있어서 인테리어도 고급이고, 투자 비용도 다른 곳과 비교해 보시면 알겠지만, 훨씬 더 저렴할 거예요."

"네, 그럼 부탁드릴게요. 상가는 언제쯤 볼 수 있을까요?"

"물건을 좀 찾아보고 말씀드릴게요. 추가로 중개업소를 통해 물건을 구하게 되면 중개수수료는 감안하셔야 합니다."

"아… 그래요? 수수료가 얼마나 들까요?"

"임대료에 따라 다른데요. 대략 300~400만 원 정도 생각하시면 됩니다."

"와… 꽤 비싸네요."

"네, 그건 저랑 상관없이 중개업소에 내는 거라서요."

"알겠습니다."

"그럼, 「컨설팅 계약서」 작성하실까요?"

"아, 「컨설팅 계약서」를 작성해야 하는 건가요?"

"저희도 먹고 살아야 하니까요. 움직일 때마다 돈이 드는데 이걸 처음부터 무료로 다 해드릴 수는 없거든요."

"그렇군요."

컨설팅 업자는 미리 프린트해 온 「컨설팅 계약서」를 내밀었다. 계약서는 고시원에 관한 상담과 건물 선정 및 인테리어에 관해 포괄적으로 컨설팅 업자에게 위임한다는 내용이었다. 그리고 계약과 동시에 계약금으로 500만 원이 지급하게 되어 있었다. 급작스럽게 일이 진행되자 태민은 한참 동안 계약서를 쳐다보았다. 속으로 별생각이 다 들었다. 혹시 너무 성급하게 하는 건 아닐까 싶었다. 오늘은 그냥 만나서 전반적인 얘기를 듣고 난 뒤 프랜차이즈 업체의 설명과 비교해서 어느 쪽이 더 나은지 판단해 보려고 했을 뿐이었다. 그런데 갑작스레 받은 「컨설팅 계약서」로 인해 머릿속이 복잡해졌다. 태민이 한참을 머뭇거리며 계약서만 보고 있자, 컨설팅 업자가 덧붙였다.

"고시원을 하려고 마음먹었으면 기회가 왔을 때 빨리 질러 버리는 게 좋습니다. 머뭇거리면 좋은 물건도 빼앗길 수 있고요."

"그렇기는 한데 오늘 컨설팅 계약을 하는 것까지 생각하지는 못해서 좀 당황스러워요."

"이왕 하기로 결심하셨으면 바로 하시죠. 최대한 잘해 드릴게요. 여기저기 다른 업체 알아봐도 저희만큼 정직하게 하는 곳 찾기 어려워요. 오히려 덤터기 씌우거나 직영 건축팀도없이 싼 값에 뜨내기 업체로 공사 맡겨서 고생하는 분들도 많아요."

"잠시만요. 계약서를 좀 살펴보고 말씀드릴게요."

태민이 계약서를 훑어보며 시간을 끌자, 컨설팅 업자는 조바심이 난 듯 계속 계약서에 사인할 것을 재촉했다. 전체 페이지 수가 열 장 정도였고, 마지막 부분에 인테리어 비용은 구하는 건물의 크기에 따라 변동될 수 있고 상호 협의해서 결정하기로 되어 있었다. 아무리 생각해도 모든 것이 불확실한 상태에서 급작스럽게 발목을 잡히는 것처럼 여겨졌다. 아직 여러 고시원을 본 것도 아니고, 컨설팅 업자가 컨설팅하고 시공한 물건을 본 것도 아닌데 첫 상담만 하고 바로 계약을 하는 건 아무래도 너무 성급한 결정 같았다.

"죄송한데요. 제가 계약까지 생각하고 온 게 아니라서 집에 가서 좀 더 생각해 보고 결정하면 어떨까 싶어서요."

"아니… 왜요? 충분히 다 설명해 드렸잖아요."

"그래도 제가 여러 고시원을 좀 둘러보고, 고시원 운영이 제가 감당할 수 있는 수준인지를 좀 더 명확히 확인하는 게 중요할 거 같아서요. 죄송합니다."

"……."

휘몰아치며 재촉하던 컨설팅 업자의 눈빛이 강해진 듯했다. 한동안
멈추고 태민을 바라보던 컨설팅 업자가 말을 이었다.

"그럼, 일단 제가 신정동 지역으로 고시원 들어갈 만한 상가를 알아
볼게요. 그거 보시고, 맘에 드시면 그때 부동산 계약하면서 컨설팅 계
약도 같이하시죠."
"네, 알겠습니다. 도와주셔서 감사합니다."
"네… 뭐…."

그렇게 겨우 컨설팅 업자와 헤어진 태민은 안도의 한숨부터 내쉬었
다. 다행이었다. 또다시 성급한 결정을 할 뻔했다. 비즈니스를 하면서
올바른 상대를 만나는 것이 제일 중요하다는 것은 회사에 다니며 자연
스레 알게 된 사실이었다. 그런데 단 한 번 만났고, 잘 알지도 못하는
사람을 믿고 바로 계약을 하긴 어려웠다.
일단 다시 연락이 올 때까지는 시간이 좀 있으니, 그동안 최대한 많
은 고시원을 둘러보고 경험치를 높여야 하겠다는 생각이 들었다. 많이
볼수록 안목이 생기고, 어떻게 인테리어를 꾸미는지 감도 생길 것이었
다. 두려움이 생기기도 하지만, 새로운 일을 시도한다는 도전 의식이
두려움을 억눌러주고 있었다.

며칠 뒤, 낯설지만 익숙한 듯한 번호로 전화가 걸려 왔다. 받아보니 컨설팅 업자였다.

"네, 사장님 어쩐 일이세요?"

"혹시나 해서 연락 한번 드려봤는데요. 전에 말씀드렸던 그 신정동에 매물로 나왔다고 한 고시원이요."

"네⋯."

"거기 원장님이 가격을 2,000만 원까지 내릴 수 있다고 하셔서요. 혹시나 관심 있으실까 해서 연락드렸어요."

"아⋯ 저는 신축하는 거에 더 관심이 있어서⋯."

"알죠. 근데 원래 2억 5,000만 원에서 가격을 확 내리신다고 하니까 아까운 생각이 들어서요. 물건을 보면 달라질 수도 있으니 일단 한번 보시는 것도 괜찮을 것 같아요."

"그래요? 그럼, 뭐 한번 보죠. 언제 가능할까요? 저는 아무 때나 괜찮아요."

"그럼, 내일 어떠세요? 오후 2시쯤 보시죠."

"네, 괜찮습니다. 신정동 어디서 뵐까요?"

그렇게 얼결에 컨설팅 업자와 기존에 나온 고시원 매물을 보기로 했다. 태민은 딱히 기존 고시원을 인수하는 거에 관심이 없었지만, 그래도 고시원을 어떻게 운영하는지 알아볼 좋은 기회라는 생각이 들었다.

다음 날, 태민은 약속 시간에 맞춰 컨설팅 업자와 만나기로 한 곳에서 기다리고 있었다. 약속 시간을 20분 가까이 지나 나타난 컨설팅 업자는 사과도 없이 고시원으로 가자고 재촉했다. 남의 시간을 낭비하게 하고도 아무 사과를 하지 않는 태도에 태민은 좀 실망스러웠다.

"여깁니다."

컨설팅 업자가 안내한 곳은, 약속 장소에서 100m 정도 떨어져 있는 대로변에서 안쪽으로 깊숙하게 들어간 위치로, 허름한 건물 3층에 있는 고시원이었다. 혼자 나섰다면 길을 헤매기 딱 좋은 위치였다. 이래서 고시원 앞에서 만나자는 걸 그냥 대로변에서 보자고 했구나 싶었다.

"여기가 위치는 좀 안 좋아도 조용하고 교통편이 나쁘지 않아서 입실자가 의외로 선호하는 곳이에요."
"지하철과 그리 멀지 않기는 한데, 문의가 왔을 때 위치 설명하기가 좀 애매하네요."
"아… 그렇긴 하죠. 그래서 주소를 알려주고, 지도 확인해서 오라고 하는 게 편해요. 사실 찾아오기 쉽지 않은 위치라 권리금이 좀 저렴한 편이죠."

권리금이 저렴하다는 건 위치 때문만은 아닐 거란 생각이 들었다. 그제 설명할 때도 시설이 좀 낡아서 수리할 부분이 있을 거라고 했으며, 또 고시원 원장이 바뀌면 건물주가 월세를 올릴 거라고도 했으니, 태민

입장에서 좋아 보이는 부분이 없었다.

　컨설팅 업자를 따라 올라간 고시원에는 원장이 기다리고 있었다. 서로 잘 아는 사이인 듯 반갑게 인사를 나눈 컨설팅 업자는 편히 둘러보라고 태민을 이끌었다.

　"여기가 90평에 방이 32개, 그리고 현재 입실료가 평균 45만 원인데요. 낡은 부분 좀 수리하고, 가구나 가전도 몇 개 교체하고 나면 50만 원은 받을 수 있을 거예요. 그러면 월세가 좀 오른다고 해도 최소 30% 가까운 수익률을 보실 수 있어요. 근데 원장님이 여러 개를 하시느라 워낙 바빠서 신경을 못 쓰는 상황이라…."

　태민이 이곳저곳을 둘러보는 와중에 컨설팅 업자가 옆에 붙어 묻지도 않은 원장의 상황에 대해 장황하게 늘어놓았다. 공용 주방으로 먼저 들어간 태민은 지저분한 청소 상태에 놀랐다. 시설이 오래되었다는 건 들었다. 하지만, 밥솥 손잡이에 손때가 잔뜩 끼어 있는 건 노후한 것과는 거리가 멀었다. 밥솥을 열어보니 최소 한 달은 밥을 하지 않은 듯, 오래되어 딱딱해진 밥풀만 붙어 있었다. 게다가 전자레인지 안쪽에는 얼마나 청소를 안 했는지 온갖 지저분한 음식 찌꺼기가 달라붙어 있었다.

　공용 주방을 나와 한쪽 구석에 있는 공용 화장실 겸 샤워실로 향했다. 컨설팅 업자가 따라오며 말했다.

"여기는 남녀 화장실이 따로 있고, 샤워실도 각각 따로 있어요. 이게 당연한 것 같지만, 남녀 구분을 해서 사용하는 곳이 의외로 많지 않거든요."

"그런가요?"

건성 대답하며 화장실 문을 연 태민은 경악했다. 남녀 구분은 고사하고 태민이라면 화장실 사용이 어려울 것 같았다. 변기 커버가 노랬다. 얼마나 오래 사용했는지 알 수 없을 정도였다. 한쪽에 놓인 휴지통에는 사용한 휴지가 넘쳐나고 있었다. 얼마나 관리를 안 했길래 이런 상태일까.

"여기는 원장님이 바쁘셔서 입주자 중 한 사람을 총무로 쓰면서 입주자를 관리하고 청소도 하는데 마침 그분이 쉬는 날이라… 전체적으로 청소가 좀 안 되어 있네요. 매번 그런 건 아니에요."

역시나 컨설팅 업자가 원장 대신 변명하듯 설명했다. 그러나 태민에게 와닿지 않는 소리였다. 태민은 절대 살지 않을 그런 곳이었다.

"혹시 빈방이 있으면 한번 볼 수 있을까요?"
"네… 이쪽으로 오세요."

뒤쪽에 있던 원장이 안내했다.

"303호라 적힌 방문을 열며 원장이 말했다. 마침, 어제 퇴실한 방이 하나 있어요."

"그럼, 지금 이 방 빼고는 다 차 있는 건가요?"

"네, 그렇습니다."

원장의 대답을 들으며 연 방안은 오래되어 빛바랜 체리 색의 향연이었다. 언제 설치됐는지 알 수 없을 정도로 오래된 책상과 책장은 '무료 나눔'한다고 해도 아무도 가져가지 않을 만큼 낡아 보였다. 거기에 침대는 가운데가 패인 듯이 움푹 들어가 눕기 불편해 보였다. 매트리스도 까맣게 때가 타 있었다. 바닥은 벗겨진 곳이 군데군데 보였다. 도배지마저 낡았다. 만약 여기를 인수한다면 건물만 두고 전체를 싹 다 교체해야 할 듯싶었다. 창문 쪽으로 다가가 문을 여니 밖에 또 다른 창문이 보였다.

"외부 창문이 있는데, 입실자들이 안쪽 창문만 닫고 외부 창문을 그대로 둬서 안쪽으로 빗물이 그대로 들어와서요. 외부 창문은 아예 못 열게 막았어요."

창문이 있는 의미가 없었다. 보면 볼수록 정나미가 떨어졌다. 원래도 기존 고시원을 인수하겠다는 생각이 없었지만, 실제로 보고 나니 더 확고해졌다.

"여기는 입실료가 얼마예요?"

"45만 원입니다."

"시설이 좀 낡았는데, 입실자 구하는 게 어렵지는 않나요?"

"낡은 거랑 상관없이 비용이 저렴한 고시원을 찾는 수요도 있으니까요. 고시원이 장기로 거주하기보다 임시로 몇 달 살고 또 옮기고 하는 게 일상이라서요. 시설 낡은 걸 신경 쓰는 사람은 의외로 많지 않아요."

"그런가요?"

"와서 방을 실제로 보고 망설이는 사람들도 그 자리에서 조금 깎아주면 바로 입실해요."

"아…."

"이 방도 어제 나갔는데 이틀 후에 새로 들어오기로 예약됐어요."

"그렇군요."

"잘 봤습니다, 원장님. 감사합니다."

"네, 잘 생각해 보시고 연락해 주세요."

"알겠습니다."

매물로 나온 고시원을 처음으로 샅샅이 살펴보니 고시원도 등급 차이가 엄청 심하다는 걸 알 수 있었다. 이런 세상을 전혀 모를 때는 고시원은 그냥 고시 공부하는 사람들이 공부하기 위해 거주하는 곳인 줄 알았는데 전혀 아니었다.

방금 본 고시원의 시설이라면 전혀 공부할 수 있는 환경이 아니었다. 이런 곳은 진짜 잠만 자기 위한 용도로만 이용할 수준이었다. 그 이상은 바랄 수 있는 조건이 아니었다. 여기에 비하면 전에 인석이 아빠가 살던 곳은 완전한 호텔이었다. 그랬다. 인석이 아빠도 공부를 위해 고시원에 머무는 것은 아니었다. 그렇다면 여기 머무는 사람들도 그럴 것이다.

"느낌이 어떠세요?"

"와… 완전히 다른 세상을 다녀온 느낌이네요."

"그래도 나쁘지는 않죠? 저런 곳은 시설 좀 교체하면 수익성이 확 올라가고 몇 년은 끄떡없어요."

"……."

"처음 봐서 거부감이 들 수도 있기는 한데 저렇게 낡아 보여도 저런 곳만 찾아서 사는 사람들도 엄청 많아요."

"정말 그럴까요?"

"그럼요. 세상 모든 사람이 좋은 시설에 살 수 있는 건 아니에요. 낡고 보잘것없어 보여도 다 주인이 있기 마련이에요."

"네에…."

"맘에 들지 않으셔도 수익성 면에서 이 정도 고시원을 찾기는 어려우니 적극적으로 생각해 보시죠. 권리금은 제가 좀 더 밀어붙여서 최대 1,500만 원 정도 깎아 보겠습니다."

"권리금을 1,500만 원 깎아도 그 배 이상의 돈이 내부 수리나 가구 교체에 들어갈 것 같은데요."

"그렇게 많이 돈 들일 필요는 없어요. 이거 인수하시면 아무리 많아도 1,000만 원 정도만 들이면 거의 새것 비슷하게 수리할 수 있어요. 전체 방 도배하고, 가구랑 침대 정도만 교체하면 되니까요."

"그럴까요?"

"네, 제가 다 도와드릴 수 있어요. 비용 크게 들이지 않아도 됩니다."

"근데 솔직히 너무 부담스럽네요. 시설을 수리하거나 교체하게 되면 지금 살고 있는 분들은 어떻게 하죠? 일일이 다 양해를 구해야 하는데 …."

"시설 수리하고 교체하는 걸 한꺼번에 할 필요는 없어요. 공실이 생길 때마다 하나씩 교체해 나가면 됩니다. 고시원에도 한 방을 몇 년씩 사용하는 분들도 있으니 그런 방은 아예 수리가 필요 없죠. 그러니 비용을 한꺼번에 지출할 필요도 없고요."

"그렇긴 하겠네요."

"그렇게 운영하다가 몇 년 지나서 새로운 기회가 생기면 사장님도 고시원을 팔고 새 고시원으로 갈아타셔도 되고요."

"아……."

이거였다. 컨설팅 업자가 먹고 살 수 있는 이유가 새로운 고시원 창업을 도와 시설 인테리어를 하기도 하지만, 컨설팅 업자가 있어야 기존 고시원도 계속 돌아가고 생명력을 유지할 수 있는 것이었다. 나쁘게 생각할 이유가 없었다. 그전까지 컨설팅 업자를 만나면서 이유 모를 불신이 있었는데, 솔직히 말하는 것을 듣고 나니 다 이해가 되었다. 그럼에도 태민은 기존 고시원을 인수할 생각이 싹 달아났다. 고시원을 한다면 새로 해야겠다는 생각이 더 굳건해졌다.

"아무튼 감사합니다. 오늘 좋은 경험했습니다."
"네."

태민의 분위기를 읽었는지 컨설팅 업자는 더 이상의 말을 얹지 않았
다. 그렇게 태민과 컨설팅 업자는 인사를 나누고 헤어졌다.

고시원 창업 도우미

　고시원 창업에 관심을 가지고 알아보는 중이라면, 개인으로 창업할지 혹은 가맹이나 컨설팅으로 진행할지에 대한 고민이 있을 것이다. 고시원 운영 경험이 있는 사람은 개인으로 진행해도 좋다. 그러나 관련 지식이 전무한 경우, 개인 창업은 너무 리스크가 큰 방법이다. 이미 어렴풋이 알고 있겠지만, 고시원 창업 정보가 굉장히 폐쇄적인 편이어서 어디서부터 어떻게 시작해야 할지 감도 잘 안 잡힐뿐더러, 수많은 시행착오를 거쳐야 하기 때문이다. 초기 비용 좀 아끼려다 오히려 시간만 늘어지고, 결국 컨설팅 업체를 찾아가는 예비 창업자들을 수도 없이 봐왔다.

　가장 중요한 건 창업 비용을 아끼는 게 아니라, 쓸 돈은 쓰되 운영하면서도 꾸준히 도움을 얻을 수 있을 만한 업체와 함께하는 것이다.

구분	장점	단점
개인 창업	• 가맹비와 같은 추가 비용 미 발생 • 인테리어 공사 등 각 파트별 관련자와 직접적인 소통 • 높은 자유도	• 여러 가지 시행착오 • 운영 노하우 부족
가맹창업/컨설팅창업	• 본사가 창업 프로세스 리드 • 운영 매뉴얼 제공 • 각종 마케팅 지원 • 법규 등 전문 분야 진행 용이	• 가맹비 등 추가 비용 • 가맹 본사의 역량 차이

고시원 창업을 전문적으로 상담하고 컨설팅하는 업체들의 도움은, 대부분 인테리어에 국한되어 있는 경우가 많다. 일부 업체들은 고시원을 창업할 건물까지 적극적으로 찾아주기도 한다. 그런데 거의 여기까지다. 가장 중요한 것은 창업 이후 입실자를 모으는 것과 꾸준한 마케팅을 통해 공실을 없애는 것이다. 실상 시기별, 지역별 차별화 마케팅을 도와주는 업체는 많지 않다.

고시원을 처음 창업하면 자기가 오픈하는 고시원이 속해 있는 지역의 특성도 모르는 사람이 대부분이다. 이 초보자들에게 지역적 특성을 고려한 온라인 마케팅을 전문적으로 교육해 주는 프랜차이즈 업체는 거의 전무한 실정이다.

고시원 전문 프랜차이즈 업체가 인테리어를 적정한 가격에 경쟁력 있게 해주는 것도 중요하지만, 창업 이후 최소 5년 혹은 10년 이상 운영할 고시원을 어떻게 홍보할 것인가에 대해 체계적인 마케팅 교육을 해주는 게 더 가치 있지 않을까 싶다.

그러니 고시원을 창업하기로 했다면 여러 업체와 상담하며 입실자 확보를 위한 마케팅은 어떻게 하는지 비교해 보기 바란다. 또 본사에서 어떤 도움을 줄 수 있는지 명확히 확인해 보기 바란다. 그게 확실치 않다면 아무리 인테리어가 맘에 들고, 비용이 적다고 해도 해당 업체는 선택지에서 배제해야 한다.

초보 고시원 창업자에게 무엇을 해줄 수 있고, 얼마나 꾸준히 본사와 가맹 사업자로서의 관계를 돈독히 유지해 나갈 수 있는지를 먼저 판단해야 한다. 본사가 단순히 인테리어 장사만 생각하고, 가맹 사업자를 돈으로 볼 수도 있다. 주변에서 많이 들어본 얘기. 주변에서 누가 호구인지 모르겠다면 바로 나 자신이 호구다. 조심하고 또 조심해야 한다. 본사 선택은 신중해서 손해 볼 일이 없다. 신중하게 판단할수록 고시원 창업을 통한 성공의 길이 더 가깝다.

무수히 많은 고시원 창업 업체 중 어디를 선택해야 할까? 보통은 무조건 견적을 낮게 제시하는 업체를 고르는 게 일반적이다. 사실 까놓고 보면 다 고만고만한 까닭에, 어쩌면 가장 좋은 방법일 수 있다. 그래도 이 책을 읽는 사람은 무엇 하나라도 좀 더 알고 선택했으면 하는 마음에 몇 자 적어 내려가 본다. 대리점에 휴대전화 개통하러 갈 때, 중개사무소에 방 찾으러 갈 때, 마트에 가전 사러 갈 때, 조금이라도 알고 가는 것과 아무것도 모르고 가는 것은 천지 차이다. 고시원 창업 업체 선택 시 실패 확률을 최소화하기 위해 사전에 체크해야 할 항목을 고심해서 정했다..

고시원 창업 업체 선택 시 체크리스트

✅ 가맹 브랜드 신뢰도

• 업력이 얼마나 되는가?

• 분쟁 사례는 없는가?

✅ 초기 비용

• 가맹비는 얼마인가?

• 광고비 및 교육비 등 추가 비용이 있는가?

✅ 본사 지원 사항

• 인테리어, 마케팅, 운영 교육을 제공하는가?

• 초기 입실자 모집을 지원해 주는가?

✅ 실제 가맹점 방문

• 만실률이 높은가?

• 가맹점주 만족도가 높은가?

고시원
탐방

7 고시원 탐방

컨설팅 업자와의 만남 이후 고시원을 다니며 내부를 확인하는 게 태민의 일과가 되었다. 최대한 많은 고시원을 둘러봐야 이게 진짜 해볼 만한 일인지에 대한 여부가 확실해질 것 같았다. 우선 인터넷을 통해 신정동 주변의 고시원에 연락하여 둘러보기 시작했다. 처음엔 최대한 많이 보고 싶은 욕심에 하루에 10곳은 다녀보려고 했으나, 이동 경로와 약속 시간 등을 고려하면 하루에 많이 봐도 대여섯 군데 정도였다.

태민이 처음 방문한 곳은, 집에서 300m 정도 떨어진 주택가 끝자락에 있는 고시원이었다. 3층 규모 건물 3층에 있는 '원룸텔'이라 이름붙은 곳이었다. 나중에 알고 보니 고시원인데 오피스텔 느낌을 내려고 '원룸텔'이라고 이름을 붙인 것이었다.

전화를 거니 나이가 좀 있는 여성이 전화를 받았다. 고시원 빈방 문의를 하니 마침 딱 하나가 남았다며 보러 오라고 했다. 오전 11시로 약속을 정하고 시간 맞춰 고시원으로 향했다. 1층에서 보니 창문에 붙인 시트지가 오래되어 다 해져서 '원룸텔'이라는 글씨가 겨우 보였다. 3층으로 올라가니 문 앞에 원장으로 보이는 여성이 서 있었다.

"안녕하세요, 방 좀 보려고 하는데요."

"네, 전화하신 분이죠?"

"네."

"이쪽으로 오세요. 마침, 빈방이 하나 있어서요."

"전체 방이 몇 개예요?"

"18개 있어요."

"방마다 사람이 차 있으면 저녁에 시끄럽지 않나요?"

"아니에요. 여기 사시는 분들은 다 조용히 하세요. 제가 일부러 그런 사람만 받았어요. 시끄러운 사람 한 명만 있어도 여기저기서 항의하거든요. 그래서 지금은 조용한 분만 받아요."

태민이 묻는 말에 대답하며 원장은 가장 안쪽에 있는 방으로 안내하고는 방문을 열어 보였다. 태민은 신발을 벗고 안으로 들어가 재빠르게 내부를 바라보았다. 다 뜯어진 외부 시트지에 비해 내부는 꽤 깔끔했다. 다만, 사람이 살다 나간 흔적과 그걸 지우려는 듯한 방향제 냄새가 섞여 약간 묘한 향기가 풍겼다.

책상, 침대, 책장, 옷장, 냉장고가 있었고 화장실이 딸려 있었다. 화장실 문을 여니 다시 한번 약간의 냄새가 풍겨왔다. 그리고 생각보다 작은 변기와 샤워기가 달랑 놓여 있었다. 여기 입주하게 되면 창문을 열어 놓고 생활해야겠다는 생각이 들었다. 화장실 밖으로 나와 방안의 창문을 열어보았으나 옆 건물로 막힌 쪽이었다. 갑갑했다. 창문이 있기는 했으나 제 역할을 하긴 그른 것 같았다.

"여기가 얼마인가요?"
"보증금 10만 원이고요. 월 65만 원이에요."
"와… 그래요?"
"다른 곳에 비하면 방이 좀 큰 편이어서 비싸지 않아요."

아무리 봐도 전에 인석이 아빠가 살던 곳보다 작아 보이는데 다른 곳보다 크다고 한다. 정확한 면적이 알고 싶었다. 고시원은 최고 면적 기준이 있지 않을까 하는 생각이 들었다.

"여기 크기가 얼마나 되는데요?"
"고시원 건축법상 화장실이 딸린 방은 최소 9㎡(2.72평) 이상이어야 하는데 여기는 11㎡(3.33평)나 돼요. 고시원 방 중에서는 엄청 큰 거예요."

태민의 눈에는 거기서 거기였는데 숫자로 들으니 확실히 큰 거 같았다. 그럼에도 방 안은 갑갑했다. 구경하러 온 것일 뿐, 방을 구하는 것은 아니었기에 창문 핑계를 대고 적당히 빠져나가려 했다.

"아무래도 창문 밖으로 막혀 있어서 좀 갑갑하네요. 다른 곳 좀 둘러보고 오겠습니다."

"마침, 앞이 트인 방도 있는데 오신 김에 보세요."

"공실이 이거 하나라고 하셨었는데…."

"아, 그건 제 조카가 몇 달만 살겠다고 해서 빼놓은 건데 보시고 맘에 드시면 거기 사셔도 돼요. 조카가 이쪽 방 쓰면 되니까요."

신기했다. 이게 호구를 위한 마케팅이구나 싶은 생각이 들었다. 공실이 딱 하나뿐이라고 하더니 맘에 안 든다고 하니까 금세 다른 방이 생겼다. 신기하기도 하고, 황당하기도 했다. 원장이 안내한 다른 방은 먼저 본 방과 비교해 확실히 크기가 작기는 했지만, 옆 건물이 창문 밖을 바로 가리고 있지는 않아서 훨씬 괜찮았다. 시설도 좀 전과 거의 동일했다. 다만, 방 크기가 작은데도 월세는 똑같았다. 65만 원….

"월세가 생각보다 좀 비싸서 한 번만 더 생각해 보고 연락드릴게요."

"얼마 생각하셨는데요? 3개월 이상 거주하시면 5만 원 정도는 깎아 드릴게요."

"저는 50만 원 이하로 생각해서 차이가 좀 있네요. 죄송합니다. 좀 더 둘러보고 올게요."

"……."

원장의 권유를 겨우 뿌리치고 건물 밖으로 나왔다. 고시원을 둘러보는 것도 쉽지 않다는 생각이 들었다. 그래도 첫 도전치고 나쁘지 않았다는 생각이 들었다. 내친김에 여기 상가 월세도 확인해 보고 싶었다. 주변 부동산에 들어가 고시원이 있는 건물 정도 규모의 월세를 물어보았다. 대략 보증금 5,000만 원에 월세 250~300만 원 정도일 거라는 반응이었다.

단순히 계산하면 만실 기준으로 월 1,080만 원 매출에서, 임대료 250만 원과 아직 확인하지 못한 관리 비용을 제하면 수익이었다. 이쯤 되자 관리 비용이 얼마나 될지 정말 궁금해졌다. 컨설팅 업자나 프랜차이즈 업체를 만났을 때 관리 비용을 물어보지 않은 게 후회가 됐다. 관리 비용에 무엇이 있는지, 또 각각 비용이 얼마나 소요되는지가 정말 중요하다는 걸 느꼈다.

이후로도 태민은 약 열흘간 대략 20~30개 정도의 고시원을 둘러봤다. 대부분의 고시원은 다 비슷한 구조였고, 풀옵션이어서 가전과 가구 등도 거의 비슷했다. 일부는 드럼세탁기까지 개인 방에 갖춘 곳도 있었다. 물론 그런 곳은 다른 곳보다 월세가 평균 10% 정도 더 비쌌다. 그래도 여유가 있다면 공용 세탁기를 사용하는 것보다는 훨씬 나아 보였다.

원 없이 방 구경을 하다 보니 이제는 건물만 보면 방을 어떻게 배치하고 공용 주방 및 세탁실 등을 어떻게 두어야 할지도 대략 감이 왔다. 다만, 방만 보는 것으로는 비즈니스적인 판단이 어려웠다. 특히 가장 중요한 관리 비용 추산이 어려웠다. 방 보러 가서 고시원 전체 관리비가 얼마나 드냐고 물어볼 수도 없었다. 그렇게 되면 대번에 방 구하는 손님이 아니라 동종업을 하려는 스파이라는 걸 바로 간파당할 테니 말이다. 초보자 입장에서 혼자서 고시원을 진행하는 건 무리였다. 역시 추가 비용이 들더라도 컨설팅 업자나 프랜차이즈 업체의 도움을 받는 것이 효율적일 것 같았다.

고시원창업엑기스

기존 고시원 인수

고시원을 신규로 창업하는 방법과 기존 고시원을 인수하는 방법, 무엇을 선택하겠는가? 두 가지 모두 장단점이 확실하기 때문에 본인에게 알맞은 길을 선택해야 한다. 무조건 신규 창업만이 정답은 아니다. 잘만 선택한다면 기존 고시원을 인수하는 것으로도 좋은 성과를 낼 수 있다.

구분	장점	단점
신규 창업	• 원하는 위치에 설계 가능 • 최신 트렌드 반영 가능 • 신축 수준의 시설 상태	• 높은 초기 투자 비용 • 초기 입실자 모집 공실 리스크 • 개업까지 시간 소요
기존 고시원 인수	• 초기 공사 비용 절감 • 기존 매출 확인 가능 • 즉시 운영 가능	• 시설 노후화 가능성 • 기존 운영 문제 가능성 • 높은 권리금 가능성

기존 고시원을 인수하기로 마음먹었다면 반드시 체크해야 할 부분이 있다. 먼저 기존 고시원을 인수하여 성공한 사례와 실패한 사례를 알아보고, 이를 통해 사전에 꼭 확인해야 할 부분을 정리하였다. 더불어 인수 시 고려할 만한 협상 전략에 대해서도 간략하게 확인해 보자.

사례 1. 기존 고시원 인수 성공 사례

- 사례 개요 : 15년된 고시원 권리금 1억 원에 인수, 초기 공실률 90%, 리모델링 및 마케팅 개선으로 3개월 만에 공실률 10% 이하로 줄임
- 성공 요인 : 건물주와 협상하여 2년간 임대료 동결, 올드한 이미지 개선(가구 교체, 조명 변경 등), 온라인 마케팅 강화

사례 2. 기존 고시원 인수 실패 사례

- 사례 개요 : 공실률 10%인 고시원 권리금 1.5억 원에 인수, 인수 후 설비 문제로 3천만 원 추가 투자 필요, 건물주가 계약 만료 후 임대료 20% 인상 요구
- 실패 요인 : 시설 점검 부족, 임대 계약 조건 확인 미흡, 시장 조사 부족

기존 고시원 인수 시 체크리스트

❂ 권리금 및 인수 비용

- 권리금이 합리적인가?
- 추가적인 시설 개선 비용이 필요한가?

❂ 임대 계약 조건

- 계약 기간이 충분한가?
- 임대료 상승 조건이 있는가?

❂ 공실률 및 매출 현황

- 공실률이 높다면 그 원인은?
- 기존 월 매출과 순수익 구조는?

❂ 시설 상태 및 리모델링 비용

- 방음 · 화재안전 · 수도 · 전기 · 배관 상태
- 리모델링 비용이 얼마나 드는가?

기존 고시원 인수 시 협상 전략

● 권리금 협상 전략

• 공실률이 낮은 편이 아니라면 적극적으로 협상 진행

• 시설 노후화 정도를 근거로 금액 조정 요청

● 임대료 협상 전략

• 장기 임대 계약 확보

• 초반 1~2년 임대료 동결 협상

● 기존 입실자 유지 전략

• 기존 입실자들에 리모델링 계획 & 혜택 제공

• 운영 방식 크게 바꾸지 않고 자연스럽게 전환

국내
최대
고시원
프랜차이즈

8 국내 최대 고시원 프랜차이즈

고시원 시장을 조사하다 보니 국내 최대의 가맹점을 보유하고 있다며 홍보하는 업체를 알게 되었다. 홈페이지를 들어가 보니 서울권에 상당수의 가맹점을 보유하고 있었다. 가맹점이라면 본사로부터 뭔가를 제공받고 그에 따른 대가를 일정하게 지불하는 게 일반적인데, 그게 과연 무엇일지 궁금했다. 만약 고객을 확보해서 제공하는 본사라면 기꺼이 대가를 지불할 수 있겠다는 생각이 들었다. 그게 아니고 단순히 해당 브랜드를 쓰는 조건으로 매달 대가를 지불해야 한다면, 그 이름값이 먹히는 게 아니고선 낭비일 것 같았다. 아무래도 최고라 하는 업체를 만나서 확인해 보는 게 좋겠다고 생각했다. 괜찮다면 그 업체와 진행해도 될 거같았다. 그렇게 마음먹고 업체에 연락해 약속을 잡았다.

"관리 비용은 굉장히 폭이 넓어요. 임대료 기준으로 봤을 때 일대일 정도로 비용을 많이 쓰는 곳도 있고, 관리비를 최대한 아껴서 임대료의

50% 이하로 엄격하게 관리하는 곳도 있고요."

"관리 비용에 구체적으로 뭐가 있는지 알 수 있을까요?"

국내 최대라고 홍보하는 프랜차이즈 업체 담당자를 만나 인사만 나눈 뒤 바로 관리비에 대한 질문부터 던졌다. 예상과 다른 질문을 받았는지 업체 담당자는 잠시 머뭇거리더니 서류 하나를 가져와 설명하기 시작했다.

"가장 큰 건 임대료고요. 그 외에 전기, 가스, 수도, 무료 제공 물품비, 보험료, 인터넷 비, 가끔 발생하는 수리비 그리고 입실자 모집을 위한 광고비 정도가 대표적이에요."

새로웠다. 구체적으로 관리 비용의 항목을 들은 건 처음이었다. 관리비가 중요하다는 걸 알았다면 처음 프랜차이즈 업체와 미팅할 때, 또 컨설팅 업자와 만났을 때 진작 물어봤을 것이었다. 하지만, 그 당시엔 고시원 운영을 통해 얻을 수 있는 수익에만 집착하고 있어서 관리비는 생각도 못 한 영역이었다. 이제라도 알았으니 다행이었다.

"그런 관리 비용이 얼마 정도 나와요? 고시원마다 다르겠지만, 대충이라도 알면 수익 계산에 도움이 될까 싶어서요."

"그게……."

업체 담당자는 꽤 곤란한 표정을 지었다. 평균 내기 어려워서 그런 것인지, 아니면 내부 정보라는 이유인지 표정만으로 짐작하기는 어려웠다.

"관리 비용은 지금과 같은 초기 상담 과정에서는 말씀드리기가 좀 곤란하네요. 고시원마다 다르기도 하고, 수익과 직결되는 부분이라 좀 민감하기도 해서요. 죄송합니다."

"아닙니다. 괜찮습니다. 항목만 말씀해 주신 것도 감사한데요 뭐."

"앞으로, 구체적으로 좀 더 상담하시고 저희랑 일을 하시게 되면 그때는 명쾌하게 말씀드릴 수 있을 겁니다."

당연한 얘기를 참 장황하게 한다 싶었다. 이 업체와 계약을 하면 평균 관리 비용은 당연히 얘기해주고 공유해야 할 내용이지 않은가. 한편으론 당연한 반응이라는 생각도 들었다. 자신 같아도 민감한 내용을 단순히 상담하러 온 사람에게 처음부터 오픈하지는 않을 것 같았다. 그밖에 인테리어 비용 등은 다른 업체에서 들은 것과 유사했기에 특이한 건 없었다.

단 한 가지, 태민이 신정동에 관심이 있다고 하자, 요즘은 고시원 관련법이 까다로워져서 건물을 구하기 어렵다고 했다. 그래서 신정동 내에서만 찾으려면 더욱 고시원을 하기 쉽지 않을 거라는 반응을 보였다. 그러면서 범위를 좀 더 넓혀서 찾아보는 게 좋다고 권했다. 좋은 건물을 찾는 게 고시원 운영 성공의 거의 90%를 좌우한다는 말도 덧붙였다.

"아… 고시원 할 건물을 찾는 게 아주 어려운가요?"

"네, 솔직히 가맹점 하려는 분은 많은데 건물 찾기는 어려워요. 많은 분이 본사에서 건물을 소개해 주길 원하는데, 그 수요를 다 맞추지 못할 정도로 좀 까다로운 부분이 많아요."

"아 그렇군요. 아무래도 큰 면적을 찾기가 어려운가 보네요."

"그것보다 고시원은 법률이 바뀌어서 방마다 일정 크기의 창문이 있어야 하고, 또 최소 방 크기 규제가 있어서요. 이 규정을 맞출 수 있는 건물이 거의 없어요. 쉽게 말해 방마다 창문이 있어야 하는데 기존 건물 중에 이 조건을 맞출 수 있는 건물은 없거든요. 그래서 창문을 새로 내야 하는데, 건물주는 새로 창을 내는 걸 좋아하지 않아요. 그러니 괜찮은 건물을 찾아도 서로 입장 차이가 심해서 임대 계약이 쉽지 않아요. 그런 문제가 가장 큽니다."

새로운 사실이었다. 태민은 여태 거기까지는 생각하지 못했다. 건물은 그저 부수적이어서 찾는 게 쉬울 줄 알았는데 전혀 아니었다. 낭패라면 낭패였다. 그럼 적당한 건물을 찾을 때까지 고시원을 하고 싶어도 못 할 수 있는 가능성이 컸다.

"그렇군요. 그럼, 건물을 찾아줄 때까지 가맹계약을 하고 마냥 기다려야 하네요."

"본사에서 찾아주기도 하지만, 점주님이 직접 찾으면 가장 좋죠. 일단 자기가 하고 싶은 면적이 있는 건물을 찾아서 저희에게 알려주시면 현장 확인을 1차로 할 거예요. 이후 고시원 운영하기 괜찮은 위치이고, 인테리어도 잘할 수 있다는 판단이 들면 건물주와 창문을 새로 내는 것에 대해 협의해야죠."

"그렇게 했는데도 건물주가 싫다고 하면 끝이네요."

"네, 처음부터 다시 해야 합니다."

"아…."

"고시원이 다른 것보다 수익률이 좋은 건 맞는데, 최종 오픈하기까지 신경 써야 할 게 매우 많고 시간도 오래 걸리거든요. 맘먹고 시작해도 건물 찾는 것부터 인테리어까지 하다 보면 6개월은 금방 가요."

"그렇겠네요."

"건물을 직접 보유하고 있거나 구한 상태라면 시간이 좀 줄어듭니다."

"그렇게 되면 얼마나 걸리나요?"

"가맹 계약 후 인테리어 공사는 3개월 정도 걸리고요. 그 외에 준비 기간을 감안하면 4개월 후 오픈할 수 있습니다. 그리고 앞서 말씀드린 6개월은 건물을 못 구하면 훨씬 더 길어질 수 있습니다."

"혹시 신정동을 포함한 주변 지역에 고시원을 할 만한 건물이 있을까요?"

"현재 저희가 확보한 건 없고요. 가맹계약을 하시면 그때부터 본격적으로 찾아봐야죠. 물론 점주님도 같이 찾으시면 좋고요."

"저는 처음인데 괜찮은 건물을 찾을 수 있을까요?"

"건물을 구하면 일단 저희에게 연락을 주시고, 그다음 괜찮은지 여부는 함께 다시 검토해야죠."

"진짜 오래 걸리겠네요."

"네, 그리고 건물이 많이 없다 보니 지역은 좀 더 넓혀서 찾아봐야 합니다. 가장 중요한 건 수익률이 나와야 하는 부분이니까요. 또 매일 출근하면서 관리할 필요가 없으니, 집에서 좀 떨어져 있어도 크게 상관은 없어요."

"건물을 구하는 데 시간이 좀 걸리니, 찾은 후에 가맹계약을 진행해도 될까요?"

"솔직히 현재 고시원 업계는 괜찮은 건물 찾는 게 가장 중요하거든요. 그래서 우리 회사도 물건 확보팀이 따로 있어요. 그리고 고시원이 괜찮은 창업 아이템이라서 가맹점을 하려는 분도 여럿 대기 중이시고요. 그렇다 보니 회사 원칙상 저희가 확보한 괜찮은 물건은 가맹계약을 하신 분에게만 소개해 드리고 있어요. 현실이 그렇습니다."

"아… 그렇군요."

"회사 입장만 생각하면 아무 물건이든 소개하고 가맹하는 게 좋지만, 결국 운영이 제대로 안 되면 점주도 그렇지만 회사도 신뢰를 잃고 손해 보게 되거든요. 그래서 소개해 드릴 수 있는 건물은 한정돼 있어요. 결국 괜찮은 물건은 가맹 계약하신 분에게만 오픈해 드릴 수밖에 없어요."

"네…."

현실이 그렇다고 하니 별수 없었다. 좋은 건물이 1순위라서 결국 돈을 낸 사람하고만 좋은 정보를 공유하는 건 당연했다. 하지만 본사에서 소개한 건물이 맘에 들지 않으면 고시원은 해보지도 못하고 끝날 수도 있는데 그때는 어떻게 하나 싶은 생각이 들었다.

"혹시 가맹할 때 비용은 얼마나 내나요? 한꺼번에 다 내야 하나요?"

"아닙니다. 일단 가맹비는 500만 원이고요. 계약하시고 나면 우리 회사에서 총 10개까지 건물을 소개해 드립니다. 기간은 제한이 없고요. 그렇게 10개 물건을 소개해 드렸는데도 맘에 드는 게 없다면 가맹 계약은 종료됩니다."

"500만 원은 그럼 못 돌려받는 건가요?"

"네, 건물 확보하는 데 비용이 드는 거라서요."

"만약 소개해 주신 건물이 맘에 들면 그다음은 어떻게?"

"그렇다면 점주님이 건물주와 만나서 임대차 계약을 체결하고요. 이후 회사에서 고시원 방 배치 등에 관련한 상세 설계도와 인테리어 공사 일정표를 작성해서 점주님과 협의하고요. 다음에 고시원 오픈 일정을 정하고 그에 맞춰 인테리어 계약을 한 뒤로 공사를 시작합니다."

"그럼, 인테리어 비용이 얼마나 드는지는 공사 계약을 할 때 알 수 있겠네요."

"네, 건물의 크기에 따라 인테리어 비용이 달라질 수 있어서, 최종 견적 비용은 건물을 확보한 뒤에 정확히 알 수 있습니다."

"얼마나 드는지 대략 알 수 있을까요? 비용 계산을 해보려고요."

"정확한 건 현장 상황에 따라 다른데, 평당 기준으로 하면 약 420만 원 안팎입니다."

"그럼 80평 정도라고 하면 3억 3,600만 원 정도네요. 80평이면 방이 20개가량 나올 수 있나요?"

"건물 평면이나 상태에 따라 다른데, 평균적으로 그렇다고 보시면 됩니다."

"그 돈을 한꺼번에 드리는 건가요?"

"공사 일정을 3개월로 잡고 진행 상황에 따라 나눠서 주시면 됩니다. 자세한 건 가맹계약을 하면 좀 더 말씀드릴게요. 오늘 처음 미팅이니까. 가맹 계약은 돌아가셔서 깊이 생각해 보시고 결정하시고요. 다만, 저희와 계약하고 진행하면 후회하시지는 않을 겁니다. 저희는 될 만한 물건만 소개하니까요."

아는 만큼 보인다는 말이 맞았다. 처음 고시원 프랜차이즈 업체 담당자를 만날 때는 아무것도 모르는 상태여서 내용이 이해 안 될 때가 많았다. 그런데 이후 컨설팅 업자를 만나서 이야기를 듣고, 이번에 또 다른 프랜차이즈 업체 담당자를 만나 대화를 나누니 확실히 많은 것이 새롭게 들렸다. 가장 좋았던 건, '관리 비용이 어느 정도나 들까?' 하는 궁금증이 다소 해결됐다는 것이다.

확실한 금액으로 듣지는 못했지만, 임대료가 300만 원이라면 관리 비용도 그 안쪽으로 조절해야 한다는 것이었다. 정리하면, 80평짜리 건물을 구해 고시원을 하게 되면 약 20개의 방에서 1,200만 원 정도의 매출을 올릴 수 있고, 임대료와 관리비 600만 원을 제한 나머지가 내

수익이 된다는 것이다. 그렇다면 공실을 최대한 줄이고, 관리비를 통제하는 게 최선의 영업 전략이다. 최고 매출 1,200만 원은 더 이상 늘릴 수 없으니 말이다.

태민의 가슴은 다시 한번 뛰기 시작했다. 한 번의 투자로 3억 원이 넘는 목돈이 나가기는 하지만, 잘 운영하면 한 달에 600만 원이라는 돈을 벌 수 있다. 여기까지 생각이 미치니 가슴은 더욱더 요동치기 시작했다. 가장 크다는 프랜차이즈 업체와 상담한 후, 태민은 여기가 맘에 들어 가맹한다면 이 회사와 해야겠다고 생각했다. 그러면서도 혹시나 하는 마음에 다른 업체와 한 번 더 미팅해야겠다고 생각했다.

고시원창업엑기스

고시원 수익 구조

고시원 창업 시 적절하다고 여겨지는 수익률은 20~25% 정도다. 공실 리스크 등 이것저것 따져보면 그 정도는 되어야 한다는 판단 아래, 고시원 창업 업체 어디를 가나 전부 다 비슷하게 얘기할 것이다. 그래서 대체 얼마를 벌 수 있는가? 이번에는 고시원의 현실적인 수익 구조와 수익률 계산 방법을 최대한 자세하게 풀어보려 한다. 이미 짐작하고 있겠지만, 고시원의 수익 구조는 굉장히 단순하다.

> **순수익 = 매출(입실료) – 임대료 – 운영비**
>
> • 평균 방 개수 : 15~40개
> • 평균 방당 입실료 : 30~70만 원
> • 평균 임대료 : 300~600만 원
> • 평균 운영비 : 월 200~400만 원 (공과금, 부식비, 인건비 등)

이해를 돕기 위해 방이 20개인 고시원을 예시로 수익을 계산해 보겠다. 평균 월세는 70만 원, 임대료는 350만 원, 운영비에 건물 관리비 포함 약 257만 원으로 가정했다.

항목	금액(원)	비고
매출 (20개 × 70만 원)	14,000,000	평균 입실료 70만 원 가정
임대료	−3,500,000	
운영비	−2,570,000	공과금, 유지보수 등
순수익	7,930,000	

공실률 10%, 즉 방이 2개만 비어도 140만 원 손실이기 때문에 당연히 만실을 목표로 운영해야 한다. 초기에는 공실률이 높을 수 있지만, 안정적인 운영을 통해 최대한 빠르게 잡아나갈 필요가 있다. 수익률을 높이기 위해서는 공실률 관리가 가장 중요하고, 부가적으로는 추가 수익 모델 도입을 고려할 수 있다.

OOO 수익성 분석

소재지										OO구 OO동 OO-OO번지 OO빌딩	
투자내역	항목			비용			항목			비용	
	보증금			50,000,000	원		시설비			320,000,000	원
	중개수수료			3,500,000	원		기타 예비			1,500,000	원
투자비 합계										375,000,000	원
매출분석	타입	평수		방유형	방 가격			방 개수		계	
	A type	3.0	평	외창	700,000	원 x		10	개 =	7,000,000	원
	B type	2.9	평	외창	700,000	원 x		10	개 =	7,000,000	원
총 가능 매출										14,000,000	원
지출분석		구분								비용	
		임대료								3,500,000	원
		관리비								150,000	원
	운영비	가스요금								600,000	원
		전기요금								600,000	원
		물품비								400,000	원
		통신비								150,000	원
		A/S								200,000	원
		보험								120,000	원
		마케팅								250,000	원
		기타								100,000	원
											원
		소계								2,420,000	원
총 지출										6,070,000	원
월 수익										7,930,000	원
연 수익										95,160,000	원
연 수익률							25.4%				

수익률 극대화 방안

◆ 공실률 관리

- 온·오프라인 마케팅 적극 활용
- 장기계약 할인 프로모션 등 장기 거주자 유치

◆ 추가 수익 모델 도입

- 공용 시설 유료 서비스 : 건조기 유료 운영 (1000~2000원/회)
- 편의 서비스 제공 : 간단한 조식 제공, 청소 및 세탁 등 컨시어지 서비스 도입
- 자판기 & 편의시설 : 커피·음료 자판기 설치
- 공간 활용 극대화 : 기존 객실 중 일부를 프리미엄으로 업그레이드

◆ 운영비 절감

- 공과금 절감 : LED조명, 센서등, 단열재 활용 등 전기·수도·가스 비용 절감
- 인건비 절감 : 도어락·CCTV 등 무인 시스템 도입, 청소 직접 진행
- 시설 유지보수 비용 절감 : 정기 점검, 내구성 높은 자재 사용, 공용 시설 관리 강화
- 고정비 절감 : 임대료 협상, 세금 절감 혜택 활용

모든 것이
맞고
모든 것이
틀리다

9 모든 것이 맞고 모든 것이 틀리다

태민이 마지막으로 찾아간 곳은 서울권을 중심으로 고시원 프랜차이즈를 운영하는 업체였다. 이름이 많이 알려지지 않아 찾기 어려웠지만, 가맹점 사업뿐 아니라 직영점도 10개를 운영하고 있어서 괜찮아 보였다.

"안녕하세요, 가맹 상담 좀 받으려고 하는데요."
"네, 어제 전화해 주신 분이죠? 이쪽으로 오세요."
"반갑습니다. 심평강 이사라고 합니다. 가맹 상담을 맡고 있습니다."
"안녕하세요. 태민이라고 합니다."

간단한 인사와 함께 둘은 회의실에서 마주 보고 앉았다. 상담 직원은 두툼한 서류 파일을 하나 들고 와 자리에 앉았다. 겉표지에 "최적의 1인 주거 공간 '휴식'"이라고 적혀 있었고, 아래쪽에 "국내 최고 프리미엄 고시원 프랜차이즈 전문기업"이라는 문구도 있었다. 앞서 만난 프랜차이즈 업체는 '국내 최대' 여기는 '국내 최고'라는 말을 쓰고 있었다. 진짜 최고, 최대 업체는 아마도 저런 문구를 쓰지 않을 거로 생각했다. 굳이 쓰지 않아도 아는 사람들은 알 것이다.

"고시원을 해볼까 하는데 조건을 좀 알고 싶어서요. 투자 비용이나 가맹비 그리고 오픈 때까지 걸리는 기간 등 전반적인 설명 좀 듣고 싶습니다."

그동안의 경험으로 시간 절약 겸해서 전체 내용을 듣고 싶다며 내질렀다. 이제 웬만한 건 거의 다 알았고, 가장 궁금한 건 진짜 수익률이었다. 인터넷에서 알아본 바로는 직영점을 여러 개 보유하고 있으니, 고시원 운영에 따른 평균 수익률을 알기 쉬울 것으로 생각했다.

"먼저 투자 비용은 대략 80평 기준으로 평당 400만 원에서 플러스-마이너스 5% 정도 차이가 있을 수 있습니다. 더 고급으로 하면 입실료를 높게 받을 수 있어서 투자 비용이 더 들기는 하는데, 대부분 요즘 오픈하는 풀옵션 형태의 프리미엄급 고시원은 인테리어 비용으로 그 정도 계산하시면 됩니다."

"여기는 직영점이 많더라고요. 직영점이 많다면 그만큼 수익성이 괜찮다는 걸 텐데, 어떤가요?"

"지점에 따라서 수익률 차이가 있기는 한데 대부분 나쁘지 않습니다."

"몇 퍼센트 정도인지 알 수 있나요?"

"입실자가 수시로 들고 나기 때문에 수익률은 크게 의미가 없습니다. 좋을 때는 30%를 넘기도 하고 공실이 좀 많을 때는 20% 밑으로 빠지기도 하고요."

"아… 그럼 평균 20%는 넘는다는 얘기네요."

"어느 업체든 최소 20% 이상은 제시할 겁니다. 그런데 수익률은 운영하시는 원장님에 따라서 천차만별입니다. 평균 수익률로 그 정도는 벌 수 있다고 생각하시면 안 됩니다."

"그래도 굉장히 고무적이네요. 고시원 수익률이 이 정도로 높은 줄 몰랐습니다."

"노파심에 다시 말씀드리면 '수익률'이란 게 운영하는 분에 따라 크게 달라집니다. 평균 수익률이 곧 사장님 수익률이 아닙니다. 대부분 그렇게 오해해서 실제 운영하게 됐을 때 수익률이 떨어지면 가맹 본사를 원망할 때가 많아요."

"설마요. 그런 분들이 있나요? 운영은 각자 알아서 하는 건데요."

"고시원 오픈 준비하실 때 여러 번 말씀드리는데도, 막상 결과가 생각보다 좋지 않으면 속았다고 하시는 분들도 있습니다."

"네… 그렇군요."

"잘 알아보고 판단하시는 게 좋습니다. 고시원이 투잡으로도 운영이 가능할 만큼 시간 소모가 적은 사업이지만, 아이러니하게 전업으로 해도 시간이 모자를 만큼 바쁘기도 하거든요."

"네, 저도 시간을 효율적으로 쓸 수 있다고 얘기 들어서요."

"근데 고시원 일이라는 게, 찾아서 하면 한도 끝도 없습니다. 당장 공실이 생기면 최대한 빨리 채워 넣어야 하는데, 그런 홍보나 마케팅을 어떻게 할지도 계속 배우고 시도해 봐야 하니까요."

"그런 홍보 방법 같은 것도 다 알려주시는 건가요?"

"기본적인 방법은 당연히 알려드리지만, 절대적인 게 아니라서 기본을 어떻게 변형시키느냐에 따라 수익률이 달라집니다."

"온라인 홍보를 안 해본 사람도 잘 따라 할 수 있을까요?"

"그런 분을 위해서 저희는 따로 2일의 온라인 홍보 교육을 해드리고 있습니다. 초보자 기준으로 교육을 해드리니까 잘하실 수 있게 될 겁니다."

"그렇군요. 입실자를 채우기 위한 홍보 마케팅이 진짜 중요하겠네요."

"네, 저희랑 가맹계약하고 진행하시면 시설이나 설비 등은 신경 쓰실 게 없습니다. 사장님 입장에서 가장 중요한 건 '어떻게 마케팅해서 입실자를 최대한 빨리 채워 넣느냐'예요."

"네, 시작도 안 했는데 어떻게 방을 채울지 걱정부터 되긴 하더라고요."

"만실 이후에도 '입실자가 주변의 경쟁 고시원으로 빠져나가지 않도록 어떻게 해야 할까?' 하는 관리 마케팅을 고민해야 하고요."

"관리 마케팅이란 뭘 얘기하는 건가요?"

"아무래도 조그만 방에 여럿이 살다 보면 소음, 청결 혹은 시설에 대한 불만이 생길 수 있어요. 이런 불만을 얘기했을 때, 얼마나 빨리 그리고 완벽하게 대처하느냐에 따라 입실자 만족도가 달라지거든요. 제때

처리하지 못하면 입실자는 바로 떠날 수 있어요."

"생각만 해도 아찔하네요."

"그럼 또 비용을 들여서 광고하고 새로운 입실자를 구해야 하죠. 수익률은 떨어지고 추가 비용도 지출해야 하는 낭비가 발생하죠."

"아…."

"그래서 저희는 입실자 만족도를 체크하고 불만을 최대한 신속하게 처리하는 관리 마케팅을 가장 중요하게 생각하고 원장님들께 교육해 드리고 있습니다."

망치로 머리를 세게 얻어맞은 기분이었다. 맞는 얘기였다. 어디서도 듣지 못한 얘기를 별로 기대하지 않은 곳에서 줍다시피 들었다. 상담 시작하며 받은 명함을 다시 살폈다. "최적의 1인 주거 공간을 만들어가는 '휴식'" 설명을 듣고 명함을 다시 보니 달리 생각되었다. 처음 봤을 때는 국내 최고라는 문구만 보고 약간의 의구심이 들었는데, 왜 이 문구를 쓰고 있는지 알게 된 것이다.

"좋은 얘기해 주셔서 감사합니다. 생각지도 못한 내용이네요."

"아닙니다. 듣는 분에 따라 다양한 반응을 보이는데, 사장님은 많은 공감을 해주시니 오히려 제가 더 감사하네요."

"가맹 절차가 어떻게 될까요?"

"저희 가맹 기본 계약서가 있고요. 고시원을 운영할 건물이 정해지면 추가로 인테리어 공사 계약을 합니다. 물론 건물을 정하면 건물주와의 계약은 사장님께서 추가로 하시면 되고요."

"만약 오늘 가맹 계약을 한다면 고시원을 오픈하기까지 시간이 얼마나 걸릴까요?"

"괜찮은 건물을 구하는 게 문제긴 한데, 건물만 있다면 통상 4개월 걸려 오픈할 수 있습니다."

"건물은 제가 직접 알아봐야 하나요?"

"동시 진행입니다. 사장님께서도 알아보시고, 원하는 지역을 말씀해 주시면 저희도 같이 찾아드립니다. 괜찮은 건물이 나올 때까지 시간이 꽤 걸릴 수도 있습니다."

앞서 들은 업체와 거의 비슷한 기간이었다. 만족스러웠다. 이왕 고시원을 하기로 했고, 여러 업체를 만나며 고시원에 대해 알 수 있는 것들은 대부분 확인했으니, 태민은 이제 질러 보기로 결심했다.

"가맹 계약을 하고 싶습니다."

"그러시면 저희가 먼저 가맹 계약서를 드릴게요. 읽어 보시고 사인하시면 됩니다."

"가맹비가 얼마인가요?"

"가맹비는 500만 원입니다. 가맹비는 추후 괜찮은 건물이 나왔을 때, 건물을 '고시원 용도'로 바꾸는 '용도변경' 비용으로 사용합니다. 그러니 저희는 가맹비 무료로 가맹점을 받고 있다고 보시면 됩니다."

"용도변경이 뭔가요?"

"고시원은 통상 상가 건물에 들어가게 되는데, 그걸 주거용인 고시원
으로 사용할 수 있도록 바꾸는 절차라고 생각하시면 됩니다. 상가는 원
래 음식점이나 기타 물건을 파는 가게를 하는 곳인데, 그걸 주거용으로
사용하려면 '용도변경' 신청을 통해 지자체의 허가를 받는 거예요."

"네, 알겠습니다. 그럼 가맹 계약서 주시면 검토해 보겠습니다."

"잠시만요."

알면 알수록 새로웠고, 어려웠다. 잠시 뒤 직원이 가져온 가맹 계약
서는 꽤 두툼했다. 전에 봤던 것과 비교해서 거의 3배 가까이 양이 많
아 보였다. 글씨가 큰 것도 아니었다. 꽤 꼼꼼하게 세부 사항을 정해두
고 있었다.

"꽤 두껍죠? 그래도 계약할 때 서로 숙지해야 할 내용이니 꼼꼼하게
훑어보세요. 저는 잠시 업무하고 있을 테니 다 읽으면 말씀해 주세요."

"네, 알겠습니다."

가맹 계약서에는 영업 표지 및 브랜드 이미지부터 영업권역, 광고 홍
보에 관한 규정 및 가맹 고시원의 설비에 대한 기준까지 상세하게 나와
있었다. 다만, 인테리어 공사 비용의 금액을 적는 부분은 공란으로 있
었고, 입점 건물 확정 시 협의해 결정한다고 되어 있었다. 방대한 양이
어서 살펴보는 데 거의 한 시간 이상이 소요되었다. 특별히 불합리해
보이는 규정은 없었다. 다 읽고 나니 두렵기도, 설레기도 했다.

"다 살펴보셨어요?"

"네, 봤습니다."

"그럼 가맹 계약하시겠어요?"

"한 가지만 더 질문이 있는데요. 건물을 몇 번 찾아주는지에 대한 내용은 없는 것 같아서요."

"될 때까지 찾아드려요. 타 업체 중에 최대 몇 번까지 소개하는 조건이 있다는 걸 아는데 저희는 그런 조건은 없습니다."

"그러다가 만약 제가 중간에 마음이 바뀌면….""

"바뀌지 않도록 최대한 빠르게 찾아드려야 하겠지만, 그런 경우면 가맹비는 돌려드립니다."

"아 그래요? 듣던 중 반가운 소리네요."

"근데 아마 그렇게 안 되실 겁니다. 저희가 일을 제법 잘해서요."

"다른 곳과 상담해 본 적이 있는데, 그곳에서는 10번 소개했는데도 맘에 들지 않거나 계약 진행을 안 하면 가맹은 종료되고 가맹비는 환불되지 않는다고 하더라고요."

"업체별로 운영 방침이 다른 것일 뿐 어디가 더 낫다는 건 가맹하는 분이 판단하시는 거라서요."

"그렇긴 하죠."

"저희도 현재는 임대차 계약을 하고 실제 공사를 진행하게 되면 가맹비를 용도변경 비용으로 전환해 사용하는 형태로 100% 돌려드리고 있지만, 이 방침이 언제까지 유지될지는 장담할 수 없습니다."

"아, 그런가요?"

"네, 건물 구하는 일이 상당히 까다롭고 시간이 오래 걸리는 작업이기 때문에 언제까지 무료로 진행해 드릴 수는 없을 거예요."

"듣고 보니 이해가 되는군요."

"네, 회사 운영 정책이야 내부 논의를 통해 바꿀 수 있으니까요. 그렇지만 현재로선 가맹비를 용도변경 비용으로 돌려드리고 있으니, 사장님께서는 그 혜택을 보실 수 있습니다."

이후 직원의 안내에 따라 몇 군데에 사인을 하고 가맹 계약을 마쳤다. 태민은 드디어 고시원 사업을 위한 첫발을 내딛게 되었다. 내친김에 계속 밀어붙여서 반드시 이른 시일 안에 자신의 고시원을 열어야겠다고 다짐했다.

"유튜브 영상 같은 거 보면요. 이런저런 고시원에 대해 안 좋게 말하는 것들 있잖아요. 반대로 굉장히 좋게 얘기하는 것도 있고요. 그런 영상 많이 보셨죠."

"네, 봤습니다."

"그런 영상에서 말하는 것들이 다 맞는 건가요? 어떻게 생각하세요?"

"단도직입으로 말씀드리면 모든 것이 다 맞고, 모든 것이 다 틀립니다."

"네?"

"인터넷이나 유튜브 영상 속 내용은 모두 당사자 경험을 바탕으로 한 생각을 말하는 거잖아요. 그래서 그 사람들이 경험한 내용이니 다 맞습니다. 그런데 그 사람들과 다른 경험을 한 분도 있거든요. 그럼, 그분은 영상 내용이 엉터리라고 할 수도 있고요. 그래서 인터넷 속 내용은 다 맞기도 하고 다 틀리기도 합니다."

"아하… 우문현답이네요."

"답이 됐는지 모르겠네요. 저도 유튜브 영상 즐겨봅니다. 그리고 볼 때마다 느껴요. 다 맞고 다 틀리다는 걸."

"네."

"그럼, 이제 원하시는 지역을 3순위까지 말씀해 주시면 해당 지역 위주로 건물을 찾아서 소개해 드리겠습니다."

"네, 건물은 저도 찾아도 되는 거죠?"

"네, 당연히요. 직접 찾으시면 훨씬 낫습니다. 건물 찾으면서 해당 지역 특징을 상세히 알 수 있게 되고 여러모로 좋죠. 저희에게만 의존하는 것보다 빠를 수 있으니 일거양득입니다."

"네, 그럼 저도 적극적으로 알아보겠습니다."

"건물 알아보실 때 고시원 하겠다고 명확히 말씀하시고, 창문을 새로 낼 수 있는지도 꼭 확인해달라고 하세요. 고시원이 들어오는 걸 좋아하지 않는 건물주도 있고, 창을 새로 내야 한다고 하면 거부감을 보이는 분도 많아서요."

"네… 기억하겠습니다."

"고시원 규모는 어느 정도로 생각하고 계세요?"

"인테리어 비용이랑 보증금을 감안하면 80평 정도가 적당한 거 같습니다."

"네, 그럼 말씀하신 지역에서 80평 안팎의 건물을 먼저 찾아보도록 하겠습니다."

"네, 감사합니다."

"말씀해 주신 지역의 80평 되는 건물은 위치와 규모에 따라 다르기는 하지만, 대략 보증금은 4,000만 원에서 7,000만 원, 그리고 월 임대료는 250만 원에서 450만 원 정도로 예상됩니다. 월 임대료는 최대한 400만 원 이내의 건물로 알아보도록 하겠습니다."

"네, 알겠습니다. 잘 부탁드리겠습니다."

가맹 계약 시 확인 사항

고시원을 가맹으로 창업하기를 결정했다면, '그냥 본사 믿고 따라가면 되겠지' 하는 생각이 들 수 있다. 그러다가 막상 계약서를 받아보면 머리가 '띵' 해진다. 예상치 못한 추가 비용, 성가신 본사 간섭, 기대와는 다른 수익 구조까지. 계약이란 '서로의 책임을 어디까지 나눌 것인가'에 대한 합의다. 계약서에 사인하기 전에 반드시 따져봐야 할 몇 가지를 정리해 보았다.

구분	내용
비용 부문	• 가맹비 : 어떤 항목이 포함된 비용인지 확인 • 추가금 : 추가 비용 여부 체크
지원 범위	• 오픈 지원 : 입지 선정, 인테리어 공사, 초기 마케팅 지원 여부 • 운영 지원 : 각종 운영 교육, 추가 마케팅 제공 여부
계약 조건	• 가맹 계약기간 및 제공 항목 • 계약 해지 시 위약금 발생 여부
수익 구조	• 본사 및 가맹점 수익 구조 • 본사가 가져가는 수익 부분 체크
기존 가맹점 운영 상황	• 기존 가맹점의 실질적인 매출 및 수익률 • 기존 점주들에 본사 지원 실효성 관련 문의

계약서만 보고 결정했다가 '이럴 줄 알았으면 다른 곳 알아봤을 건데!' 하며 후회하는 경우가 더러 있다. 대표적인 피해 사례는 다음과 같다. 첫 번째, 초기 수익률을 과장하는 것이다. 첫 달 만실을 보장해 준다는 등의 현실적으로 불가능한 약속에 속지 말아야 한다. 두 번째, 단계별로 거듭해서 추가 비용을 요구하는 경우다. 계약 당시 포함된 줄로 알았던 항목이 나중에는 별도로 빠지는 것이다.

　　이뿐만 아니라 본사의 과도한 운영 개입, 특정 업체 지정 강요로 인한 비용 상승, 운영 방식 간섭 등 가맹 계약 진행 시 계약서를 꼼꼼히 확인해야 할 이유는 무수히 많다. 가맹 계약서는 '신뢰'가 아니라 '책임'을 다루는 문서다. 기대했던 지원이 없거나 생각지 못한 비용이 추가되더라도 계약서에 명시되어 있다면 법적으로 따질 방법이 없다.

　　따라서 계약서를 검토할 때는 본사의 지원 내용과 책임 범위를 명확히 하고, 계약 해지 조항을 반드시 확인해야 한다. 더불어 모든 조건을 서면으로 남기고, 구두 계약은 피하도록 하자. 사인을 하느냐 마느냐는 전적으로 본인의 선택이다. 다만 "계약서에 쓰여 있어요."라는 말이 나중에 발목을 잡지 않도록, 미리 꼼꼼히 따져 보길 바란다.

루비콘
강을
건너다

10 🏢
루비콘 강을 건너다

가맹계약을 마친 태민은 그 자리에서 바로 가맹비 500만 원을 이체
했다. 그리고 이제는 말 그대로 돌이킬 수 없다고 생각했다. 앞으로는
고민하지 말고, 적극적으로 행동을 해야 한다.

"이제 가맹 계약이 끝났으니 편하게 하나만 더 여쭤볼게요."

"네, 그러시죠."

"고시원 운영하면서 가장 큰 어려움이 뭔가요? 다른 건 대부분 다 알
것 같은데, 뭐가 가장 큰 문제인지에 대한 답은 아직 어디서도 들은 적
이 없거든요. 그런 문제를 미리 알고 대처할 방법도 같이 고민하려고
요."

"여러 가지가 있는데 가장 중요한 건 공실을 줄이는 마케팅에 관한
겁니다. 고시원은 방 개수에 따라 월 최대 매출이 이미 정해져 있거든
요. 그러니 수익률을 높이려면 공실을 최소한으로 유지해야 합니다. 그

래서 입실자를 채울 수 있는 효과적인 마케팅 방법에 관해 공부하시는 게 필요합니다.”

“아, 그렇군요. 생각은 하고 있었는데 실제로 들으니 더 긴장되네요.”

“나머지 문제야 사실 사소한 거라고 볼 수 있거든요. A/S 요청이 들어오면 빠르게 고쳐주고, 물품이 부족하다 하면 채워주고, 입실료를 미납하고 있다면 만나서 요청하고 재촉하면 늦더라도 결국 내거든요.”

“그렇죠.”

“근데 공실은 정말 어려워요. 입실자를 끌어들이기 위해 여러 가지 광고를 하고 여기저기 글을 써도 연락이 올 때까지 기다려야 하는 일이라서요. 그 과정이 굉장히 지루해요.”

“듣기만 해도 힘이 드네요.”

“맞습니다. 여기저기 광고를 하고 싶어도 들어오는 돈이 뻔하니 쓸 수 있는 한계치가 분명해서 원하는 대로 광고를 하기도 어렵고요. 결국은 돈이 문제가 아니라 효율적으로 광고를 할 수 있는 홍보 매체가 어디냐에 따라 공실률은 달라집니다.”

“광고를 어떻게 해야 효과적인가요?”

“지역마다 특성이 있어요. 특정 지역은 아직도 인터넷이 아니라 ‘교차로’나 ‘벼룩시장’ 같은 곳이 입실자를 모으는 가장 좋은 수단이기도 하고요. 다른 지역은 ‘인스타그램 광고’로 거의 반 이상의 입실자가 오기도 하고요. 네이버 ‘플레이스 광고’와 ‘파워링크’가 일반적인 입실자 모집 루트이긴 합니다만 지역별 편차가 심해요. 그러니 건물이 정해지면 그 지역 고시원은 주로 어떤 홍보로 입실자를 확보하는지 제일 먼저 알아보셔야 해요. 그래서 처음엔 거의 비슷한 광고를 진행하시고, 차츰 지역 특성을 고려해서 광고 루트를 다양하게 해야 합니다."

"네… 그렇겠네요."

"앞서 말씀드렸듯이 고시원은 투잡으로도 가능하지만, 전업으로 해도 시간이 모자란 이유가 그거예요. 뭔가를 하고 있지 않아도 머릿속으로는 항상 입실자를 끌어당길 수 있는 마케팅에 대해 생각해야 하거든요. 트렌드가 변하면서 잘 먹혔던 광고가 안 먹히기도 하니까 네이버 검색광고를 하다가도 구글 애드워즈 검색으로 바꾸기도 하고, 때로는 동시에 진행하기도 해야 하고요. 처음 하시는 분은 적응하는 데 약간 힘들 수도 있습니다."

"아….."

"그런 방법은 건물 확정되고 인테리어 공사를 시작하게 되면, 오픈 시기에 맞춰서 마케팅 전담 직원이 교육해 드릴 거예요. 교육받으면 끝이 아니라 그걸 활용해 보고 익숙해지도록 하고, 이후에는 지역 특성에 맞게 원장님만의 마케팅 방법을 만들어 내야죠. 그게 고시원의 공실률을 줄일 수 있는 가장 효율적인 방법입니다."

"감사합니다. 또 한 번 배우게 되네요."

"아닙니다. 이제 가맹점주시고 같은 편이 됐으니 서로 잘 돼야죠. 오늘 아니라도 궁금한 점은 언제든지 연락해 주세요. 아는 한도에서 답변 드리겠습니다."

"네, 알겠습니다."

약 3시간여의 상담 및 가맹 계약을 마치고 건물 밖으로 나온 태민은 숨을 크게 내쉬었다. 이제 진짜 시작이라는 생각에 긴장이 몰려왔다. 그동안 여러 고시원을 방문하고 또 여러 프랜차이즈 업체를 다니며 들었던 내용을 다 합쳐도 오늘 3시간 동안 들은 내용의 반도 안 되는 것 같았다. 앞으로 또 얼마나 모르는 내용을 배우고 익혀야 고시원 운영을 잘하게 될까 걱정스럽기도 했다. 그런데도, 모든 걸 완벽하게 알고 시작할 수 있는 일은 없다는 것을 직장 생활을 통해 배웠으니, 이번 고시원 창업도 차근차근 배우면서 운영해 나가면 잘할 수 있으리라 믿었다. 아니 믿어야 했다.

건물을 찾는 건 내일부터 하기로 하고, 태민은 집으로 발걸음을 서둘렀다. 이제까지 들은 내용을 바탕으로 고시원을 창업으로 소요되는 비용과 이후 얻게 될 수입을 놓고서 계산해 보고 싶었다. 상담하며 틈틈이 메모했지만, 놓친 정보도 있을 수 있어 마음이 급했다. 기억이 남아 있을 때 빨리 수익률 계산을 해보고 싶었다. 김칫국부터 마시는 시늉일 수 있지만, 백수인 태민에게 수익률 계산은 무엇보다 중요했다.

먼저 가장 중요한 공사비는 평당 400만 원에 80평으로 계산하면 3억 2,000만 원이었다. 여기에 보증금은 5,000만 원으로 하고 월 임대료를 350만 원으로 추정한 뒤 관리 비용은 임대료의 75% 선인 260만 원으로 추산했다. 그렇게 해서 매월 총비용은 610만 원이 된다. 입실료는 방 하나당 65만 원으로 계산하면 총 20개의 방에서 1,300만 원의 수입이 발생하는데, 총비용을 빼면 만실 기준으로 예상 수익 690만 원이 나왔다.

1년간 총수익이 8,280만 원이니 보증금을 제외한 투자비 3억 2,000만 원으로 계산하면 어림잡아 약 25.8%의 연간 수익률이 나왔다. 꽤 괜찮은 수익률이라고 생각이 들었다. 물론 상담할 때 공실의 위험성에 대해 들었고, 공실률을 잘 관리해야 수익률이 높아질 수 있다고 들었기에 만실 상태에서의 수익률은 막연한 기대감일 수도 있었다.

  그러나 태민은 좀 다른 생각이 들었다. 공실률을 10% 미만으로 유지하고, 입실료를 5만 원씩 더 받으면 수익률은 25% 이상을 유지할 수 있다는 계산이 든 것이다. 이것도 지나친 기대일 수도 있었다. 그러나 공실률을 10%로 가정해도 연간 수익률은 21%가 나왔다. 그러니 태민의 입장에서 보면 고시원은 다른 어떤 투자보다도 도전해 볼만한 가치가 있다고 판단했다.

  세상 어떤 투자가 연간 20% 이상의 수익률을 낼 수 있을까? 오피스텔을 사서 임대해도 연간 7~8% 수익률이 고작인데 말이다. 게다가 한 번의 투자로 웬만한 직장인의 급여를 뛰어넘는 수익을 올릴 기회가 그리 흔한 것은 아니다. 처음이야 고시원 정상화에 온갖 힘을 다 쓰겠지만, 익숙해지고 나면 고시원을 관리하는 데 드는 시간은 점점 줄어들 것이니 그 시간에 또 다른 일을 할 수도 있게 된다. 아무리 돌아다녀 봐도 고시원만큼 괜찮은 사업 기회가 있을 것 같지 않았다. 간단히 수익률 계산을 하고 나니 두려우면서도 희망찼다. 새로운 도전이니 기필코 고시원을 오픈한 뒤 최대한 빠르게 안정적으로 운영해야겠다고 굳게 다짐했다.

고시원창업엑기스
고시원을 해야 하는 이유

고시원 사업이 여타의 다른 사업과 비교했을 때 어떤 점이 매력적인지에 관해 이야기해 보려고 한다. 결론부터 말하면, 적은 투자금으로 안정적인 임대 수익을 창출할 수 있다는 것이다. 다만, 어디까지나 '비교적 그렇다'는 점을 염두에 두자. 고시원이 다른 숙박업 혹은 부동산 임대업과 비교해 가지는 이점은 다음과 같다.

- ✅ **적은 초기 투자금** : 일반 숙박업 및 부동산 임대업 대비 낮은 투자금
- ✅ **안정적인 임대 수익** : 매월 일정한 입실료로 수익 창출
- ✅ **간단한 운영 시스템** : 낮은 인건비 부담, 단순한 운영 프로세스
- ✅ **낮은 공실 리스크** : 학생, 직장인, 단기 거주 등 꾸준한 수요층

물리적으로 동일한 100평으로 수익률이 이렇게까지 차이 날 수 있을까? 고시원은 단순한 임대 사업이 아니다. 공간을 최대한 효율적으로 활용하여 수익을 극대화할 수 있다는 점에서 원룸·오피스텔과 다르다. 그 차별화 포인트는 자연스럽게 수익률로 이어진다.

구분	고시원	원룸 · 오피스텔
초기 비용	적은편	높은 편
운영 방식	운영자 직접 관리	임대만 진행
수익 구조	입실료 + 부가서비스	월세
공실 리스크	낮은 편	높은 편
계약 기간	단기 (1개월~6개월)	장기 (2년 이상)

같은 면적에서도 고시원은 방 개수를 늘려 객실 회전율을 높일 수 있고, 추가적인 서비스를 통해 수익원을 다각화할 수 있다. 반면, 원룸 · 오피스텔은 장기계약이 일반적이며, 공실이 발생하면 장기간 수익이 끊길 위험이 높다. 초기 투자금을 최소화하고 빠른 회전율과 안정적인 임대 수익을 노린다면, 고시원 창업이 충분히 고려해 볼만한 선택지라는 것이다.

"적은 돈으로 시작해서 꾸준한 수익을 낸다."

고시원 사업을 선택하는 가장 큰 이유다. 하지만 단순히 방만 빌려주는 것이 아니라, 입실자 관리 및 공간 관리라는 운영 측면이 중요한 만큼, 제대로 신경 쓰지 않으면 기대한 이익을 얻기 어려울 수 있다.

건물을
계약하다

11 건물을 계약하다

　가맹 계약을 맺은 뒤 열흘 정도 지난 즈음 본사로부터 건물 2개를 확보했으니 보러 가자며 연락이 왔다. 그동안 태민도 혼자 괜찮은 건물을 찾으러 돌아다녀 봤지만, 고시원을 하겠다는 말에 당장 부동산에서부터 난색을 보였다. 본사에서 들은 대로 고시원 입점 조건을 설명하니 오래된 상가 건물은 주인이 대부분 나이가 많아서 거절할 거라고 말했다. 심지어 공실인 건물이 있는데도 건물주에게 확인조차 안 하는 부동산이 있었다. 겨우겨우 2~3개의 물건을 봤으나 아무것도 모르는 태민이 봐도 위치가 너무 안 좋았고, 하나는 임대료가 너무 비쌌다. 받을 수 있는 입실료는 한계가 있는데, 70평짜리 건물이 신축이고 대로변에 있다는 이유로 월 700만 원이 넘었다. 그러던 차에 본사로부터 연락을 받고는 단박에 약속을 잡았다. 다시 기분이 들뜨기 시작했다.

　"태민 사장님이시죠? 전에 회사에 오셨을 때 뵈었습니다. 이상규 과장이라고 합니다."

"네, 반갑습니다."

서로 인사를 간단히 하고 자리에 앉아 오늘 볼 건물 2개에 관해 얘기를 나눴다. 둘 다 평수는 80평으로 비슷했고, 보증금 4,000만 원에 하나는 임대료 250만 원, 또 하나는 임대료 400만 원이었다. 비싼 물건이 확실히 위치가 좋았다. 지하철역과 200m밖에 떨어져 있지 않았고, 건물 상태도 더 좋았다. 둘 다 방은 20개씩은 나올 수 있었는데 문제는 입실료였다. 본사에서 1차 조사한 바로는 임대료가 150만 원이나 비싼데도 입실료는 5만 원 정도만 더 받을 수 있을 것 같다는 의견이 나왔다. 홍보를 잘하면 10만 원도 가능할 수 있다고 했지만, 기대일 뿐이었다. 먼저 물건을 보고 다시 논의해 보기로 했다.

임대료 250만 원짜리는 3층 건물에 3층이었다. 건물이 굉장히 허름하게 보였다. 계단을 올라가는데 옛날 건물이라 그런지 천정이 높고 계단 폭이 넓었다. 오르고 내리기 편할 듯싶었다. 동행한 본사 직원 역시 계단 폭이 넓은 걸 입실자가 선호하는 편이라고 했다. 태민이 보기에도 좁은 계단 특유의 갑갑함이 없고 안정감이 있어 맘에 들었다.

3층에 도착하니 문이 반쯤 열려 있었고 오랫동안 사용하지 않았는지 먼지가 가득했다. 내부에 적치된 물건이 없어서 다행이었다. 3층 전체를 혼자 사용할 수 있었고, 같이 간 부동산 직원에 따르면 옥상이 단독은 아니지만 고시원에서 주로 사용할 수 있도록 해주겠다며 건물주가 말했다고 했다.

하지만 태민의 맘에 들지 않았다. 건물이 오래된 탓에 창틀이 맞지 않는 부분이 많았고, 그마저도 유리창 중 일부는 깨져 있었다. 게다가 천장 일부는 내려앉아서 광범위한 수리가 필요해 보였다. 옆에 있는 본사 직원도 같은 생각일 거라고 느꼈다. 하지만 본사 직원의 표정에서는 변화를 읽을 수가 없었다. 부동산 직원은 건물이 낡아서 그렇지 이 정도 크기에 이렇게 임대료가 싼 곳은 구하기 어렵다고 쉴 새 없이 입을 놀렸다. 게다가 관리비도 따로 받지 않고, 매월 공동 전기세 및 청소비 명목으로 5만 원 정도만 받는다고 했다. 비용 조건은 무척 마음에 들었지만, 정작 가장 큰 비용이 들 인테리어 등의 공사를 생각하면 전체 비용은 엄청나게 늘어날 게 분명했다.

"나쁘지 않네요."

한참을 둘러보고, 휴대전화로 지하철역과의 거리를 살펴본 본사 이 과장이 말했다.

"괜찮은가요?"

"네, 임대료 대비 괜찮네요. 지하철과의 거리가 800m 정도여서 부담스럽지만, 도보로 이동할 수 있는 거리이긴 하니까 홍보만 잘하면 괜찮겠습니다. 게다가 바로 앞에 버스정류장도 있고, 옆 건물에 편의점도 있으니 그만하면 최소 필요조건은 거의 갖추고 있네요."

"그래도 건물이 낡아서 손볼 곳이 많아져 공사비가 많이 늘어나지 않을까요?"

"어차피 방마다 창을 새로 내야 하니 창틀은 거의 다 새로 해야 하고, 천정도 고시원 분위기에 맞게 새로 해야 하니 비용이 많이 늘어날 건 없습니다."

"아… 그런가요?"

본사 이 과장의 말을 듣고 보니 달리 보였다. 약점으로 생각했던 것들이 실은 거의 문제가 되지 않는다고 하니 갑자기 새롭게 보이기 시작했다. 이 건물이 자신이 고시원을 하기에 최적인 장소로 생각되었다. 기분이 들뜨기 시작했다. 태민의 기분 변화를 눈치채기라도 한 듯 이 과장이 말을 이었다.

"A급은 아니지만 여기도 고시원을 하기에 나쁜 장소는 아니라는 겁니다. 다음 장소를 가보고 다시 이야기하시죠."

"네, 그러시죠."

부동산 직원을 앞세우고 둘은 다음 물건으로 향했다. 첫 번째 물건과 족히 300m는 떨어져 있는 도로변의 신축 건물이었다. 건물은 중심 도로와 연결된 약간 한산한 왕복 4차선의 이면도로를 끼고 있었다. 과연 신축이라 그런지 좋아 보였다. 4층 건물에 꼭대기 층이었고, 여기도 역시 옥상을 고시원 입주자들이 휴게 용도로 사용할 수 있다고 했다. 부동산 직원 말에 의하면 좀 전에 본 건물과 소유주가 같다고 했다.

"과연 좋네요."

"네… 괜찮네요. 창문도 사방으로 다 뚫려 있고 아직 2~3층도 입주 전이라 인테리어 공사할 때 민원도 거의 없을 거 같아서 공사를 빠르게 할 수 있겠네요."

"공사할 때 민원이 많은가요?"

"많지는 않은데, 있기는 합니다. 큰 문제가 아니면 대부분 협의해서 풀어나갈 수 있습니다. 뭔가 보상을 요구하기도 하는데 그런 것도 본사에서 알아서 처리해야 할 부분이죠."

"그렇군요. 과장님이 보시기엔 아까 건물과 비교해서 어떤 게 더 괜찮은가요?"

"조금 더 살펴보고 나중에 이야기하시죠."

"아, 네."

머쓱해진 태민은 휴대전화를 들어 곳곳의 사진을 찍기 시작했다. 계단 폭이 아까 건물보다 좁기는 했지만, 창문이 커서 빛이 잘 들어와 환해서 넓어 보이는 효과가 있었다. 4층 입구의 복도도 넓어서 사람들 드나들기 편해 보였다. 건물은 태민의 맘에 들었지만, 임대료가 문제였다. 과연 임대료를 감당할 수 있을지 걱정스러웠다. 관리 비용까지 감안하면 수익성이 많이 떨어질 게 분명했기에 좋은 건물이지만 여기에 고시원을 하기는 어렵겠다는 생각이 들었다. 건물을 둘러보고 나온 뒤 부동산 직원과 인사 후 두 사람은 인근 카페로 들어가 앉았다.

"제 생각에는 두 번째 건물이 괜찮을 거 같습니다. 원장님."

"제가 보기에도 두 번째가 나아 보이긴 하는데 입실료가 비슷하다면 건물 임대료가 부담스러워서 힘들 거 같은데요."

"같은 입실료요? 누가 그래요?"

"지난번에 전화 주신 분이 그러던데요."

"아닙니다. 첫 번째보다 두 번째 건물이 10만 원 이상은 더 받을 수 있습니다. 위치나 주변 환경 자체가 동일 지역이라고 보기 어려울 만큼 차이가 있어요."

"그래요?"

"네, 저희가 시세 조사한 바로 주변의 오피스텔은 평균 임대료가 89만 원 선이고요, 원룸도 55만 원이 최하입니다. 반경 500m 이내에 경쟁 고시원 3개가 있는데 그 중 풀옵션 고시원의 평균 입실료는 65만 원입니다. 거기 전화로 입실 문의했는데 당분간은 빈방이 없다고 했고요. 오피스텔이나 원룸도 방을 구하기 힘듭니다. 전체적으로 보면 이 지역이 1인 가구가 거주할 만한 원룸이 굉장히 부족한 상황입니다. 두 번째 건물을 프리미엄급 고시원으로 꾸미면 입실료는 최소 70만 원 이상 받을 수 있습니다."

"고시원이야 그렇다고 쳐도 원룸이나 오피스텔은 고시원보다 훨씬 커서 비교 대상이 되기 어렵지 않나요?"

"크기만 따지면 그렇지만 원룸이나 오피스텔은 보증금이 최소 1,000만 원 이상 필요합니다. 거기에 전기와 가스비 그리고 기본 관리비가 추가되기 때문에 비용 부담이 급격히 늘어납니다. 월세 60만 원짜리 원룸이라고 해도 관리비를 다 합치면 최소 월 80만 원은 나옵니다. 방 크기가 작은 것만 빼면 프리미엄급 고시원이 더 경쟁력이 있습니다."

"아….."

"문제는 임대료인데요. 신축이라서 주변 상가에 비해 좀 과한 감이 있습니다. 임대료를 400만 원으로 하고, 관리 비용을 280만 원 정도 지출하면 만실 기준으로 월 720만 원이 남고 연 27%가 넘는 수익률인데요. 공실률을 10% 추가하면 21.7%로 수익률이 뚝 떨어집니다. 물론 원장님이 잘 운영하시면 수익률이 올라가겠지만, 항상 부담스러울 수밖에 없을 겁니다."

"첫 번째 물건은 어떤가요?"

"첫 번째는 단순히 생각하면 방당 입실료 60만 원에 총매출 1,200만 원이고, 임대료와 관리비 합쳐 530만 원 빼면 만실 기준 월 670만 원에 연 약 25% 수익률입니다. 공실률 10% 계산 시 20.6% 나오고요."

"첫 번째가 수익률이 높을 줄 알았는데 그렇지도 않군요."

"첫 번째 건물은 치명적인 약점이 있습니다. 지하철역과의 거리가 너무 멉니다. 도보 이동 가능하지만, 동선에 다른 몇 고시원이 있어서 입실자를 빼앗길 우려가 높습니다. 첫 번째 건물은 경쟁 고시원 대비 입실료는 비슷하지만 거리가 멀고 교통이 불편해서 만실 채우는 게 상당히 어렵습니다. 거기는 최악의 경우 공실률을 20% 선까지는 각오하고 시작하셔야 할 겁니다. 그렇게 되면 수익률은 15% 선으로 뚝 떨어지죠."

"그렇네요. 만약 고시원을 한다면 두 번째 건물을 가지고 고민해야 하겠네요."

"네, 요즘 고시원을 반기는 건물이 많이 없어서 이 건물도 가능하면 빨리 결정하시는 게 좋습니다."

"네, 최대한 빠르게 결정하도록 하겠습니다."

"감사합니다. 오늘 고생하셨습니다. 연락해 주세요."

본사 직원과 헤어진 뒤에도 태민은 카페에 앉아 한참을 고민했다. 첫 번째로 본 건물의 저렴한 임대료에 미련이 남았지만, 본사 직원의 말이 모두 맞다는 걸 인정할 수밖에 없었다. 결국 그 자리에서 두 번째 건물에 인생을 걸어 보기로 했다. 본사 직원에게 전화를 걸었다.

"네, 원장님 두 번째 건물이요?"

"네, 과장님이 하신 말씀 믿고 두 번째 건물로 해보려고요."

"알겠습니다. 임대차 계약은 언제 하실 수 있을까요?"

"가능하면 지금도 괜찮습니다."

"그럼, 잠시만 기다리시겠어요? 부동산에 연락해서 계약할 테니 임대료 좀 낮춰 달라고 말해보겠습니다. 아까 말씀드렸듯이 신축이라 임대료가 좀 비싸게 책정된 감이 있어서요. 완공된 지 5개월이 지났는데 1층 빼고는 임대가 안 나갔으니 잘하면 낮출 수도 있을 겁니다."

"네, 알겠습니다."

본사 이 과장은 자기 일처럼 나서 당장 계약하는 조건으로 임대료를 파격적인 수준인 350만 원으로 낮췄고, 보증금을 다 내는 조건으로 첫 2개월은 무료로 사용할 수 있는 '렌트프리' 조건까지 받아줬다. 놀라웠다. 흥분되는 마음을 진정시키며 태민은 부동산으로 가 임대차 계약을 했다. 일주일 뒤 잔금만 지급하면 향후 2개월은 무료로 사용할 수 있는 조건이었다. 계약서를 작성하는 도중 돌아갔던 본사 직원까지 다시 부동산에 와 태민은 더 힘을 낼 수 있었다.

고시원창업엑기스

고시원 운영 노하우

이번에는 어떻게 하면 효율적으로 고시원을 운영할 수 있을지 알아보겠다. 고시원 운영의 핵심은 체계적으로 운영시스템을 구축하고, 장기 거주자를 확보하는 것이다. 무작정 방을 채우는 것만이 능사가 아니다. 효율적으로 운영하고 입실자 만족도를 높이면, 자연스럽게 공실률이 줄고 수익이 안정적으로 유지된다. 고시원은 시스템이 전부다. 운영 매뉴얼을 체계적으로 갖추면 업무 효율이 올라가고, 불필요한 비용을 줄일 수 있다. 운영의 기본은 깨끗한 환경 유지와 지속적인 시설 관리다. 작은 불편 하나가 쌓이면 퇴실로 이어지고, 공실이 늘어나면 운영 리스크가 커진다. 운영을 얼마나 잘하느냐가 수익률을 좌우하는 것이다.

구분	예시
청소 및 위생 관리	매일 공용 공간 청소, 사흘마다 분리수거 진행
입실자 관리	할인 및 서비스 제공 등 장기 거주자 우대 정책
시설 유지보수	정기적인 시설 점검 및 고장 수리
운영비 절감	에너지 절약형 가전 도입

왜 고시원 주요 운영 목표 중 하나가 장기 거주자 확보일까? 타깃 및 수요

가 단기 거주라고 하지 않았나? 어쩌면 이렇게 생각할지도 모른다. 답변은 간단하다. 입실자가 오래 머물수록 운영 안정성이 높아지고 공실 걱정이 줄어든다. 간략하게 정리해 본 장기 거주자 유치 방법은 다음과 같다.

- ✅ **가격 정책 :** 장기 거주 시 할인 혜택 제공
- ✅ **서비스 강화 :** 청소 및 세탁 서비스 제공
- ✅ **입실자 맞춤형 공간 :** 라운지 등 입실자 니즈에 알맞은 공간 운영

　고시원은 단순한 잠자리가 아니라 생활 공간이다. 입실자가 오래 머물고 싶게 만드는 것이 핵심이다. 가격을 낮추는 것만이 정답은 아니다. 서비스를 차별화하고, 타깃의 니즈를 반영한 공간을 제공하는 것이 더 효과적일 수 있다는 말이다. 결국, 오래 머물고 싶은 고시원이 살아남는다.

인테리어
공사를
시작하다

12 인테리어 공사를 시작하다

임대차 계약을 한 이틀 뒤 태민은 본사 사무실로 가 인테리어 공사 계약을 했다. 3장으로 구성된 간단한 계약서였고, 공사를 진행하는 정도에 따라 대금을 4번에 걸쳐 내는 조건이었다. 공사 진행 시 설계도면 및 공사일정 그리고 사용하는 자재에 대해 가맹점주 승인을 받은 뒤 시공하는 조건이 덧붙었다.

"제 승인을 받고 시공한다는 게 구체적으로 어떤 건가요?"

"공사 중간마다 결정해야 할 부분들이 있거든요. 예를 들면 벽지를 무슨 색으로 할지, 또는 블라인드를 어떤 것으로 할지, 그리고 욕실과 타일 등이요. 소소하게 결정할 것들이 있는데 그런 부분에 원장님의 취향과 의견을 여쭙고, 가능하면 최대한 반영해서 진행할 겁니다. 그런 의미예요."

"네, 그렇군요. 근데 저도 이런 게 처음이라 뭐가 좋은지 선택하기 어려울 거 같은데요."

"저희가 많이 해봐서 입실자가 가장 선호하는 스타일을 알고 있기 때문에 2~3가지 정도로 추천해 드릴 거예요. 그중에서 선택하시면 되고, 다 맘에 안 들면 다른 걸 선택하셔도 됩니다. 최대한 반영해 드릴 거예요."

"네, 알겠습니다. 잘 부탁드리겠습니다."

"네. 그럼, 바로 용도변경 신청부터 하고, 설계 도면은 작성해서 금주 중에 공사 일정표랑 같이 보내 드리겠습니다. 공사 기간은 용도변경 완료 및 공사 개시부터 3개월 생각하시면 됩니다."

"네⋯."

"그리고 공사 시작하게 되면 본사로 오셔서 2일 정도 마케팅 교육을 받으셔야 합니다. 저희가 고시원 오픈하면 기본적으로 오픈 마케팅은 도와드리는데, 2개월 이후에는 스스로 하셔야 하니 온라인 마케팅 진행하는 방법에 대해 교육해 드리거든요. 이틀간 와서 배우시면 스스로도 하실 수 있을 겁니다. 교육해 드릴 때 저희 직영점을 이용해서 실제로 광고 진행하는 걸 직접 해보실 수 있으니까 도움이 많이 될 겁니다."

"아, 광고를 직접 집행해 볼 수 있다니 아주 좋네요. 안 그래도 입실자 확보를 위한 홍보를 어떻게 공부하고 실행할지 걱정 많이 했는데⋯ 다행입니다. 감사합니다."

"가맹점을 하시는 원장님 모두에게 온라인교육 서비스를 진행하니 크게 감사하실 일은 아닙니다. 배워서 잘 활용하시면 저희도 감사하죠."

신축이라 철거가 따로 필요 없었다. 철거비 500만 원이 줄어 총 인테리어 공사 비용은 3억 1,500만 원이 됐다. 인테리어 공사 계약을 마친 일주일 뒤, 태민이 보증금 잔금을 낸 당일부터 바로 공사를 시작했다. 궁금한 마음에 찾아가 본 현장에서는 설계 도면대로 각 방을 그리고 있었다. 먹줄을 튕기며 각 구역을 표시하는 걸 한참 보고 있으니 공사 소장님으로 보이는 분이 말을 걸었다.

"여기 고시원 원장님이세요?"

"네, 안녕하세요."

"예, 반갑습니다. 공사 잘하겠습니다. 걱정하지 마세요."

"네, 잘 부탁드립니다."

"오늘 먹줄 튀겨서 각 호실대로 표시하고요. 내일 건물 뒤쪽 창이 없는 부분은 새로 컷팅을 할 예정입니다. 또 이번 주 내로 호실별 위생 배관 설비 설치하기 위한 준비 작업하고, 벽체 세울 ALC 블록 자재 들여와서 다음 주부터 본격적으로 공사 진행할 겁니다."

"예, 말씀해 주셔서 감사합니다. 잘 부탁드립니다."

"네, 저희가 잘 부탁드려야죠."

현장 소장님으로부터 대강의 공사 진행 일정을 들으니 진짜 고시원을 한다는 실감이 나기 시작했다. 이제 3개월만 지나면 직장인에서 고시원장으로 신분이 바뀌게 되는 것이다. 감개무량했다.

인테리어 공사를 시작한 지 보름쯤 지나 태민이 현장에서 난방 배관 작업하는 걸 지켜보고 있을 때 본사에서 전화가 왔다.

"원장님, 다음 주 중에 이틀 시간 내셔서 회사로 와 주시죠. 전에 말씀드린 온라인 홍보 마케팅 관련한 교육을 해드리려고요."

"네, 그럼 다음 주 월요일에 바로 가겠습니다."

"네, 그럼 10시까지 회사로 오시면 일정 설명해 드리고 교육 진행하는 걸로 하겠습니다."

"네, 월요일에 뵙겠습니다."

모든 것이 예정대로 착착 진행되고 있었다. 너무나 쉽게 진행되는 것 같아 기분이 좋았다. 건물을 구하지 못해 가맹만 하고 몇 달 동안 아무것도 못 하는 사람이 많다고 했다. 자신은 운이 좋아서 건물도 바로 구하고, 공사도 잘 진행되고 있었기에 만족스러웠다. 현장 소장님 말로는 다음 주까지 난방 배관 작업을 마치고 이후 바닥 몰탈 작업 및 욕실 방수 작업을 완료할 예정이라고 했다. 그렇게 되면 공사 진척도는 30%를 넘어선다. 작업 속도는 일정표 그대로 진행되고 있어서 좋았다.

"원장님."

"네."

"다음 주 금요일 오후에 시간 내서 한번 오시겠어요?"

"네, 알겠습니다."

"욕실과 복도 타일 디자인 등을 결정해 주셔야 해서요."

"네, 그러겠습니다. 금요일 오후 2시쯤 찾아뵙겠습니다."

"네, 그렇게 알고 있겠습니다."

　태민은 이제 자신만 잘하면 된다고 속으로 되뇌었다. 지금까지는 착오나 실수 없이 진행되는 것이 당연했다. 고시원 창업에서 가장 중요한 것은 입실자를 최대한 빨리, 그리고 많이 모아서 빈방을 채우는 것이다. 잠깐 잊고 있었다. 본사에서 해주는 마케팅 교육도 중요하지만, 자신도 입실자를 모집하기 위한 다양한 홍보 방법을 찾아봐야 했다. 그러자 아직 시작도 안 했다는 생각이 들었다. 이제 겨우 출발선에 선 것이다.

임대차 계약 시 주의 사항

고시원을 창업하려면 건물주와의 임대차 계약이 선행되어야 한다. 문제는 단순히 계약을 맺는 것으로 끝나는 게 아니다. 계약서 한 줄 차이로 분쟁이 발생할 수도 있고, 예상치 못한 비용이 발생할 수도 있다. 계약 단계에서 꼼꼼히 확인하는 것이 리스크를 줄이는 길이다. 고시원은 일반적인 임대 사업과 다르게 특수한 법적 요건과 운영 조건이 필요하다. 건물주와 계약 전 반드시 확인해야 할 사항은 다음과 같다.

구분	내용
계약 기간	장기계약 유리, 중간 해지 조항 확인 필수
임대료 인상 조건	일정 기간 후 임대료 인상 가능 여부 및 인상 폭 사전 협의
시설 유지보수 책임	건물주와 운영자의 시설 보수 책임 범위 명확히 구분
추가비용 발생 여부	관리비, 재산세, 보험료 등 추가비용 여부 확인
용도변경 가능 여부	건축법상 고시원 용도로 변경 가능 여부 확인

특히 주의할 점을 강조하자면 계약기간 및 임대료 인상 조건이다. 중간 해지 조항이 있으면 운영 안정성이 떨어지기 때문에 되도록 장기로 계약하고, 건물주가 임대료를 일방적으로 인상할 수 있는 조항이 있는지 확인해야 한다.

더불어 고시원 용도로 건축법상 허가가 나지 않는 건물도 있으므로 계약 전에 반드시 체크할 필요가 있다. 이분만 아니라, 운영하다 보면 건물주와 갈등이 생기는 경우가 많다. 임대료 문제부터 시설 보수 비용까지, 대표적인 사례와 해결 방법을 정리하면 다음과 같다.

사례	해결 방법
임대료 인상 요구	초기 계약 시 인상률 명시 혹은 협상 진행
시설 보수 비용 분쟁	계약서 내 보수 책임을 명확히 기재
계약 만료 후 재계약 거부	사전에 장기 계약 유도, 대체 건물 탐색

갈등을 줄이기 위해서는 계약 전에 최대한 구체적인 조항을 명시해야 한다. 특히 양측에 가장 민감한 부분인 임대료와 시설 보수 부분에 관해서는 더더욱. 재계약이 불확실할 경우에는 계약만료 1년 전부터 대체 건물을 찾아 두는 것이 안전하다. 당연한 말이지만, 계약 이후 건물주와 원만한 관계를 유지하는 것도 중요하다. 분쟁이 생기면 해결하기까지 시간은 물론 정신력이 정말 많이 소모된다. 계약서는 가장 강력한 무기이므로 처음부터 꼼꼼하게 작성하면 불필요한 분쟁 없이 안정적으로 운영할 수 있다.

온라인
마케팅
교육을
받다

13 온라인 마케팅 교육을 받다

온라인 교육을 받기로 한 월요일 아침, 들뜬 마음으로 태민은 본사 사무실에 도착했다. 기다리고 있던 마케팅팀 직원이 나와 태민을 맞이했다.

"안녕하세요, 원장님. 오늘부터 이틀간 온라인 마케팅 교육을 담당하게 된 홍유정 과장입니다."

"네, 반갑습니다."

"고시원에 거주하는 분들은 대부분 온라인에서 관심 지역의 고시원을 찾게 됩니다. 일부 지역은 아직도 '교차로'나 '벼룩시장' 같은 오프라인 지역신문에 의존하기도 하는데요. 보여드리는 표에서 알 수 있듯이 원장님이 오픈하시는 지역은 고시원 입주자의 절반이 20~30대 직장인이어서요. 온라인 홍보에 대한 의존도가 극히 높은 지역이라 할 수 있습니다."

자리에 앉자마자 주어진 온라인 홍보 마케팅 교육자료는 무려 300페이지에 달했다. 훑어보는 것만으로도 이틀이 모자라겠다는 생각이 들었다. 태민의 생각을 아는지 모르는지 마케팅 교육을 하는 홍 과장은 자료를 주는 것과 동시에 바로 교육을 시작했다. 숨돌릴 틈 없이 이어진 교육에 얼떨떨했지만, 최대한 집중해 들으려 노력했다.

2시간이 지나고 12시가 되자 첫 교육이 끝났다. 태민은 녹초가 되었다. 그리고 어렵다는 생각이 들었다. 점심 먹은 뒤에는 본사가 운영하는 직영점을 이용해 실제 광고를 집행해 보는 시간이었다. 분명 조금 전까지 교육을 들었음에도 하나도 기억나지 않았다. 본사 직원들과 어울려 점심을 먹는 내내 고민스러웠다. 태민의 고민을 눈치챘는지 홍 과장이 말을 걸었다.

"원장님, 교육해 드린 게 기억 안 나시죠?"

"어찌 아셨어요? 지금 되새겨보려 하는데, 하나도 기억이 안 나요."

"첫 교육 하고 나면 대부분 그런 반응을 보이세요. 그래도 걱정하지 않아도 돼요. 오후 교육 때 실습해 보면서 다시 익힐 거고, 내일도 같은 과정이니 반복해서 해보면 눈과 손에 익을 거예요. 처음 하시니 당연히 서투르고 기억 안 날 수 있어요."

"걱정이 많아지네요. 제가 돌대가리도 아니었는데…."

"저도 마찬가지예요. 이런 교육을 담당하기까지 엄청 힘들었어요. 원장님도 잘하실 수 있을 거예요. 교육 끝나고 나서도 언제든지 연락해 주시거나 본사로 와주시면 A/S 교육해 드리니 진짜 진짜 걱정하지 마세요."

"네… 감사합니다, 정말."

"중요한 건 광고하는 법을 익히는 게 아니라 그걸 고시원 운영하면서 꾸준히 하시는 거예요. 귀찮아서 안 하고, 우연히 찾아오는 입실자만 기다리게 되면 그때부터 고시원은 서서히 내리막을 걷게 될 거예요."

"그렇군요."

"네, 진짜 중요해요. 꾸준히 한다는 거. 잘 못해도 계속하면 늘고, 어떻게 효율적으로 입실자를 모을 수 있는지 깨우치실 거예요."

다음 날에도 오전부터 쉴 새 없이 교육이 이어졌다. 오전 1시간 동안 온라인 광고 기법에 대한 교육이 이루어졌고, 이어지는 시간에는 키워드 검색을 해보며 지역별로 고시원의 검색 결과가 어떻게 나오는지에 관해 실습했다.

확실히 키워드를 바꿔가며 검색하니, 할 때마다 결과가 달랐다. 홍 과장은 태민의 검색 과정을 지켜보며 괜찮은 키워드를 발견할 때마다 광고 단가를 확인하고 뭔가를 적어 내려갔다. 궁금해 물으니, 나중에 태민이 고시원을 홍보할 때 필요한 키워드를 제공하기 위해서 정리하는 것이라고 했다.

"궁금한 게요, 지역별로 광고가 먹히는 스타일이 좀 다르다고 하던데요. 어떤 지역은 지역신문으로 고시원 입실자를 구한다고 하던데…."

"네, 그런 곳도 있어요. 그런데 오프라인 신문으로 입실자를 구하는 고시원은 상대적으로 입실료가 낮은 곳이고, 동네도 좀 낙후된 곳이 많아요. 반드시 그런 건 아니지만요."

"네, 그렇군요."

"또 상대적으로 인터넷 사용이 익숙지 않거나, 온라인으로 방을 구하기 어려운 나이 또래분이 많은 편이에요."

"그렇겠네요."

"그러다 보니 그런 사람을 위한 일종의 특화된 고시원, 즉 시설은 좀 허름하고 낡아도 싼 곳, 교통편이 불편해도 감수할 수 있는 분이 선호하는 고시원이 있죠. 그런 고시원은 대체로 아직도 오프라인 광고로 입실자를 많이 모집하죠."

"네, 알겠습니다."

"그런 광고는 우리 회사에서 운영하는 프리미엄급 풀옵션 고시원과는 맞지 않아요. 저희 고시원에 입실하는 사람은 거의 20~30대 젊은 대학생과 직장인이에요. 물론 위치에 따라서 나이 많은 분도 꽤 있죠."

"네네…."

"그래도 저희 고시원 입주자 다수는 젊은 편이니, 저희가 진행하는 마케팅도 젊은 층에 포커스를 두고, 그게 맞다는 판단이에요."

"네, 확실히 이해했습니다."

그렇게 이틀간 스파르타식으로 온라인 마케팅 교육이 이루어졌다. 모르는 것 투성이라 매번 질문의 연속이었다. 짧은 이틀의 교육이었지만, 단기간에 너무 많은 것을 익혀야 해서 그랬을까?

마케팅 교육으로 인해 이틀 내내 태민의 머리는 뜨거웠다. 그리고 시간이 지날수록 가슴은 차가워졌다. 잘 해낼 수 있을까 하는 걱정 반 설

렘 반이었다. 그래도 이왕 내친걸음이었다. 난 잘 해낼 수 있을 거라고
스스로 믿는 게 최선의 방법이었다.

온·오프라인 마케팅

고시원의 성공적인 운영을 위해 효과적인 마케팅 전략은 필수다. 입지와 타깃층에 따라 적절한 홍보 방법을 선택해야 하기에 더욱 고민이 깊을 것이다. 고시원의 위치와 고객층에 따라 최적의 마케팅 방법이 달라지기 때문이다. 대학가, 직장가, 프리미엄, 일반 고시원으로 나누어 각 타깃에 맞는 효과적인 마케팅 전략을 예시로 들어보았다.

구분	주요 타깃	마케팅 방안
대학가 고시원	대학생	대학 커뮤니티, 소셜미디어, 인근 대학 제휴 프로모션
직장가 고시원	직장인	네이버 광고, 소셜미디어, 기업 대상 제휴 프로모션
프리미엄 고시원	전문직, 외국인	구글 광고, 소셜미디어, 브랜드 마케팅
일반 고시원	단기 거주자	부동산, 전단지, 현수막 홍보

정보가 넘쳐나는 요즘 시대에 온라인 마케팅은 입실자 유치의 핵심 요소다. 검색 노출을 극대화하고, 고객이 쉽게 접근할 수 있도록 해야 한다. 온라인 마케팅 팁을 몇 가지 말해보자면, 가장 먼저 온라인 지도 내 등록은 필수이다.

더불어 입실 후기 콘텐츠를 활용하면 신뢰도가 높아진다. 소셜미디어 광고를 활용하면 빠르게 입실자를 모집할 수 있다. 온라인 마케팅 시 활용 가능한 주요 채널은 다음과 같다.

채널	내용
지도 내 등록	지역 검색 시 노출 극대화
검색 광고	상위 노출, 글로벌 유입 가능
블로그 · 카페	상위 노출, 고시원 소개 및 홍보
소셜미디어	고시원 내부 영상 및 후기 공유

온라인 마케팅도 중요하지만, 오프라인 홍보도 효과적으로 활용하면 강력한 마케팅 수단이 될 수 있다. 현수막이나 X배너를 건물 외부에 설치하거나, 인근 중개업소에 매물을 등록하거나, 근처 유동 인구 많은 곳에서 전단을 배포하는 등 방법은 다양하다. 이처럼 온 · 오프라인 마케팅을 적절히 병행하면 단기적인 홍보 효과뿐만 아니라 지속적인 입실자 유치가 가능하다.

인테리어
공사
마무리
그리고…

14 인테리어 공사 마무리 그리고…

태민은 온라인 마케팅 교육을 마치고도 두 번이나 더 본사를 방문해 추가 교육을 들었다. 이제 감이 좀 오는 것 같기도 했다. 그러는 사이 인테리어 공사는 막바지에 이르고 있었다. 수시로 현장을 방문했더니 공사 순서도 외울 지경이 되었다. 이번 주에 도배 작업과 화장실 위생 기기 및 각 방에 방화문을 설치한다. 다음 주에는 에어컨 및 드럼 세탁기, 그리고 침대와 책상 등의 가구를 들이는 것으로 공사는 거의 마무리될 예정이었다.

"거의 매일 현장을 오시네요."

"네… 소장님 안녕하세요? 현장 둘러보는 재미가 쏠쏠해서요. 일에 방해가 되었다면 죄송합니다. 제 사업이라고 이걸 처음 하다 보니 걱정도 되고, 계속 생각이 나서요."

"방해라뇨, 전혀요. 오히려 관심 가져 주시고 수시로 와서 보시니 저희가 바로바로 물어보고 일을 진행할 수 있어서 좋죠."

"말씀이라도 그렇게 해주시니 감사합니다."

"빈말 아니에요. 어떤 곳은 공사 기간 내내 한 번도 오지 않아요. 도배지를 결정해 달라고 하는데도 오지 않아서 애를 먹은 적이 있거든요. 사실 간단한 문제고, 원장님이 일임만 해주면 입주자가 가장 선호하고, 무난한 걸로 할 수도 있는데 그런 것도 아니고, 알았다고만 하고 오지를 않으니 그럴 때는 진짜 힘들죠."

"그렇겠네요."

"그런 분들과 비교하면 원장님네 공사는 굉장히 협조적으로 잘 진행된 편이라 저도 편하게 작업한 셈입니다."

"네, 감사합니다. 앞으로도 마무리까지 잘 부탁드리겠습니다."

"네, 걱정하지 마세요. 완벽하게 마무리하도록 하겠습니다."

보름 뒤 공사 마무리 단계에 소방점검하고 필증을 받으면 진짜로 모든 과정이 끝나게 된다. 그 사이 태민은 소방안전교육을 받고, 영업 신고를 한 뒤에 사업자등록을 하도록 본사에서 안내받았다.

그리고 처음 본사를 방문했을 때 가맹 상담을 했던 심평강 이사로부터 연락이 왔다.

"원장님, 잘 지내시죠?"

"네, 심 이사님. 무슨 일로 전화 주셨어요?"

"이제 보름 정도 지나면 인테리어는 끝나게 되고 청소하고 나면 바로 입실자를 받을 수 있으니, 이제 바로 온라인 홍보를 진행해야 하거든요. 내일이라도 본사로 오셔서 전에 교육해 드렸던 홍 과장이랑 함께 온라인 홍보 같이 시작해 보시죠."

"아, 그렇게 해주시나요?"

"당연히 해 드려야죠. 저희가 먼저 홍보를 하고 있기는 한데, 그래도 원장님 모셔서 교육과정을 되새기면서 한 번 더 해드려야 앞으로 원장님도 잘하실 수 있죠."

"아이고, 감사합니다. 그러잖아도 걱정만 하고 있었는데요."

"내일 시간 괜찮으세요?"

"네, 알겠습니다. 내일 방문하도록 하겠습니다."

전화를 끊고 태민은 마음이 든든해졌다. 본사에서 처음 홍보를 같이 진행해 준다고 하니 자신감이 되살아나기 시작했다. 요 며칠 새 휴대전화로 입주 문의가 여러 통 와서 당황스러웠는데, 본사에서 먼저 홍보를 시작했다니 고마운 마음이었다. 처음 입주 문의가 왔을 때는 인테리어 공사를 하며 벽면에 붙여 둔 현수막을 보고 연락한 줄 알았다. 이제 와서 생각하니 현수막에는 본사 연락처만 적혀 있어서 자신에게 연락할 방법이 없었다. 고시원 본사를 잘 선택한 것 같다는 생각이 들었다.

고시원창업엑기스

오픈 전 준비 사항

고시원 운영 시작 전에는 법적 요건과 운영 준비 여부를 철저히 점검해야 한다. 사전 준비가 확실할수록 운영 과정에서 불필요한 문제를 예방할 수 있다. 고시원을 운영하려면 소방 · 위생 · 건축법 관련 허가를 받아야 한다. 반드시 필수 항목을 점검하여 누락 부분이 없도록 하자. 법적 허가 사항 체크리스트는 다음과 같다.

구분	주요 내용	체크 여부
소방시설 점검	스프링클러, 화재감지기, 방화문 설치	☐
위생 점검	주방 및 화장실 위생 기준 충족	☐
건축법 준수	건축물 용도 변경 여부 확인	☐
사업자 등록	사업자등록증 발급 및 세무 신고	☐
전기 · 가스 안전 점검	전기 배선, 가스 배관 점검	☐

고시원은 공동생활 공간이므로 원활한 운영과 관리를 위해서 입실자 규칙을 명확하게 정해야 한다. 입실자 생활규칙, 문의 응대 방안, 계약 진행 내용 등 사전에 필수적으로 짚고 넘어가야 할 부분을 다음과 같이 정리하였다.

구분	내용
입실자 준수 사항	• 소음 및 실내 흡연 금지 • 공용 공간 이용 후 정리정돈 필수 • 방문객 출입 제한 • 시설물 파손 시 배상 책임 부과
문의 및 예약자 응대	• 전화 및 온라인 문의 신속 응대 • 룸 투어 제공 (현장 방문 또는 온라인 투어) • 입실 계약 안내 (입실료, 보증금 반환 조건, 주요 규칙 설명)

이제는
진짜
실전이다

15 이제는 진짜 실전이다

　"프리미엄 레지던스 '휴식 고시원 신정점'"이 드디어 오픈했다. 최대한 빨리 공실을 채우기 위해 처음 공사비에서 절약했던 철거 비용 500만 원을 온라인 광고에 쓰기로 했다. 본사 홍 과장의 도움을 받아 '네이버 플레이스'를 세팅하고 키워드를 수집해 검색광고를 진행했다. 이어 '구글 애드워즈'를 추가했다. SNS 광고도 이어 하고 싶었지만, 홍 과장은 일단 이렇게만 하고 5일 정도 지켜보자고 했다. 교육을 여러 차례 받았음에도 익숙지 않아서 어려움이 있었으나, 홍 과장 덕분에 쉽게 할 수 있었다.

　홍 과장은 유료 광고는 5일 정도 지켜본 뒤 추가 광고를 하자고 제안했고, 그 시간 동안 태민에게 블로그에 글을 써서 홍보하자고 했다. 본사에서 표본으로 참고할 수 있는 여러 가지 홍보 글을 줬고, 태민은 이를 약간씩 바꿔서 블로그에 올리기 시작했다.

　광고를 진행하고 이틀 정도는 조용했다. 조바심이 난 태민은 홍 과장에게 연락해 다른 광고도 바로 하면 어떻겠냐고 물었지만 홍 과장은 좀 더 기다려 보자며 태민을 다독였다. 5일이 지난 뒤에도 문의가 없으면 고시원 정보제공 플랫폼 앱에 광고하자고 제안했다.

그렇게 초조한 마음을 가라앉히며 매일 고시원에 가서 현장을 살펴보고 있는데 휴대전화가 울렸다.

"여보세요?"

"고시원이죠?"

"네, 맞습니다."

"방 좀 보려고 하는데요."

"네, 언제 보시려고요?"

"지금 가능할까요? 근처에 있어서요."

"네, 마침 저도 현장에 있으니 바로 오시면 돼요. 위치는 아세요?"

"네."

"알겠습니다. 그럼 기다리고 있겠습니다."

밝은 목소리의 여성이었다. 전화를 끊은 태민의 가슴이 가볍게 들떴다. 10분쯤 지났을 때 전화한 사람으로 보이는 젊은 여성 둘이 고시원으로 올라왔다.

"방 좀 보러 왔는데요."

"네, 편하게 둘러보세요. 이제 막 인테리어가 끝나서요. 청소는 주말까지 다 완료될 거예요."

"네…."

둘은 서로 뭔가를 이야기하며 여러 개의 방을 둘러보았다. 가전과 집기까지 모두 완비했고 마지막 청소만 남겨둔 상태였다. 소방점검필증만 받으면 언제라도 입주할 수 있었다. 한참을 둘러보던 여성들은 태민에게 말을 걸었다.

"저희 둘 다 다음 주 월요일에 바로 입주하고 싶은데 가능할까요?
"네, 가능합니다. 호실은 어디로?"
"맨 안쪽에 마주 보고 있는 호실 두 개로 할게요. 입실료는 70만 원인가요?"
"안쪽 방들은 75만 원씩입니다. 보증금 10만 원 포함해서 첫 달에 85만 원 주시면 되고요. 입주할 때 같이 내시면 됩니다. 보증금은 나가실 때 환급해 드려요."
"아, 그래요? 70만 원인 줄 알았는데 비싸네요."
"안쪽부터 10개는 75만 원이고요. 나머지는 70만 원이니까 다른 방 고르시면 70만 원입니다."

둘은 다시 안쪽으로 들어가 한참을 서로 수군거리더니 다시 태민에게 와 말했다.

"그냥 안쪽 두 개 방으로 할게요."

"네, 그러세요. 그럼, 월요일에 언제 입실하시겠어요? 시간 맞춰 입실 계약서 준비하고 있을게요."

"오전 11시쯤 올게요."

"네, 알겠습니다. 그럼, 그때 뵐게요. 두 분 성함과 연락처 남겨주실래요?"

떨리는 마음을 누르면서 첫 입주자와 상담하고 입주 예약을 받았다. 태연한 척했지만, 처음이라 가슴이 방망이질 치는 걸 간신히 참아냈다. 둘을 보낸 뒤 태민은 긴 안도의 한숨을 내쉬었다. 그리고 본사 홍 과장에게 전화를 걸어 첫 입주 예약을 받은 것을 자랑하듯 말했다.

"수고하셨어요. 홍보 효과가 이제 좀 나타나는 거 같네요. 원래 광고를 하더라도 사람들이 다른 곳과 비교하고 또 둘러보고 오기 때문에 광고해도 바로 효과가 나타나지는 않아요."

"네, 정말 과장님이 말씀하신 대로 맞네요. 감사합니다."

"이제 시작이니 앞으로 입실 문의가 더 올 거예요. 초반에 광고비를 좀 더 써서라도 최대한 많이 입주시키는 게 최선이니 이번 주 입실 현황을 좀 보고, 다음 주에 광고를 좀 더 집행해 보시죠."

"네, 알겠습니다. 과장님만 믿고 있겠습니다."

"아닙니다. 원장님이 잘하고 계세요. 큰 문제 없이 잘될 겁니다."

이후 청소 업체를 불러 주말까지 고시원 안팎을 깨끗하게 청소했다.

청소 업체가 지나친 곳에 군데군데 얼룩이 진 부분을 발견한 태민도 직접 닦아냈다. 그렇게 주말까지 매일 현장에 나와 청소하는 동안 여러 통의 입주 문의를 받았다. 또 현장으로 직접 찾아온 사람들도 여럿이었다.

"여기 고시원 오픈하는 건가요?"

"네, 다음 주 월요일부터 정식으로 오픈합니다."

"좀 둘러봐도 될까요?"

"고시원 보러 오신 건가요?"

"네… 이 동네에서 찾고 있는데 간판 보고 올라와 봤어요."

"네, 편하게 둘러보세요."

"입실료는 얼마인가요?"

"안쪽은 75만 원이고요. 바깥쪽은 70만 원입니다."

"네… 좀 살펴보고 말씀드릴게요."

주말을 이용해 태민이 청소 업체와 함께 마무리 하는 동안 찾아온 사람들의 반응이 좋았다. 새로 인테리어를 해서 그런지 현장으로 직접 방문하는 사람은 거의 다 입주 예약을 하고 돌아갔다. 역시 기존 고시원을 인수하지 않고, 새로 오픈하길 잘했다는 생각이 들었다.

주말 동안 꽤 많은 사람들의 문의와 방문을 받았다. 그 결과, 오픈 한 주 동안 총 12명과 입주 계약을 체결했다. 시작이 좋았다. 첫 입주 상담 때는 그렇게 떨렸는데 한 주 동안에만 20명 가까운 사람들과 상담

하다 보니 태민의 태도나 말솜씨도 자연스러워졌다.

온라인 홍보를 시작한 뒤 3주가 지났을 때 태민의 고시원에는 총 15명이 입주를 했고, 입주 예정자가 4명이 되었다. 잘만 하면 오픈 한 달 안에 만실을 바로 채울 수 있을 것 같았다.

그동안 본사에서는 여러 차례 전화를 걸어 입주 상황에 대해 문의했고, 엄청 빠른 입주 속도라며 놀라워했다. 태민이 대답할 때마다 너무 잘되고 있다며 격려해 주었다. 스스로도 잘 해내고 있는 것 같아 기뻤다.

마지막 남은 하나의 방이 차기까지 걸린 시간은 정식 오픈 후 딱 45일째였다. 첫 일주일 만에 전체 방의 60%가 찼고, 만 3주가 지났을 때 19개의 방에 입주자를 채울 수 있었다. 그렇기에 남은 하나의 방도 금방 찰 거로 생각했으나 마지막으로 남은 방은 나갈 듯 말 듯 태민의 속을 애태웠다. 그렇게 20여 일이 지나서야 마지막 방도 채울 수 있었다.

마지막 하나가 애태웠지만 결국 해냈다. 생각지도 않았던 고시원 창업이, 시도하면서도 처음엔 무모한 도전 같아서 매번 단계를 밟을 때마다 고민하고 걱정했지만, 결국은 모든 걸 이겨낸 것이다. 이렇게만 되면 금방 부자가 될 것 같았다.

어려웠지만, 그만큼 보람이 넘쳤다. 그제야 태민의 머릿속에 또다시 새로운 생각이 들었다. 여유만 있다면 고시원을 하나 더 해보고 싶은 것이다. 당장은 불가능했다. 하고 싶어도 투자할 돈이 없었다. 그러나 시간은 많았다. 결국 시간이 해결해 줄 것이었다. 할 수 있다고 믿는다면 언제가 됐든 할 수 있을 것이다.

고시원창업엑기스
초기 입실자 모집 방법

고시원 오픈 후 첫 입실자 모집이 가장 중요하다. 초기 고객을 빠르게 확보하지 못하면 공실률이 높아지고, 운영에 부담이 생기기 때문이다. 따라서 온라인 플랫폼과 다양한 프로모션을 적극 활용하여 효과적인 입실자 모집 전략을 마련해야 한다. 입실자 모집의 핵심은 '노출'이다. 아무리 최고의 시설과 서비스로 운영한다고 한들, 아무도 알아주지 않는다면 무용지물이다. 각종 플랫폼에 고시원을 등록하고 입실자가 쉽게 정보를 찾을 수 있도록 만들어야 하는 이유다.

온라인 플랫폼	활용 방법
지도 플랫폼	네이버 지도 등에 등록 후 상세 정보 및 사진 공개
고시원 관련 플랫폼	고시원 전문 앱 활용 시 젊은층 대상 높은 홍보 효과
소셜미디어 플랫폼	인스타그램 등에 광고 진행 후 관심 고객 확보
동영상 플랫폼	유튜브 등에 고시원 내부 투어 영상 업로드

너무 많으니 하나만 추천해 달라고 묻는다면, 단연 '네이버 플레이스' 등록은 필수로 진행하라 말하고 싶다. 아직은 국내 주요 검색엔진 점유율 1위가 네이버라는 사실에 변함이 없으니까. '아직'이라고 표현한 이유는 요즘 정보

검색 시 인스타그램, 유튜브, 심지어는 각종 인공지능 플랫폼까지 정말이지 아주 다양하게 활용하는 추세라서 그렇다. 초기 입실자 모집 시 특별 프로모션을 제공하면 더욱 빠르게 입실자를 확보할 수 있다.

- ✅ **오픈 할인 이벤트 :** "첫 달 5만 원 할인!"
- ✅ **동반 입실 이벤트 :** "친구랑 함께 입실하면 추가 할인!"
- ✅ **무료 서비스 이벤트 :** "선착순 10명 침구 무상 제공!"

많은 고시원이 초기 입실자 확보를 위한 마케팅 전략으로 다양한 프로모션을 진행했고, 실제로도 눈에 띄는 효과가 있었다. 초기 고객 확보가 성공하면 이후 입소문 효과로 자연스럽게 입실자가 늘어난다. 오픈 초반 공격적인 마케팅의 중요성을 명심하자.

첫 꿋발이 개 꿋발?

16 첫 끗발이 개 끗발?

태민의 휴대전화가 울린 건 저녁 10시 무렵이었다. 바로 받지 못해 끊겼던 휴대전화는 잠시 뒤 다시 울렸다. 순간 불길한 느낌이 들었다. 전화는 3일 전에 계약서를 쓰고 바로 입주한 젊은 직장인으로부터 온 것이었다.

"사장님, 여기 공용 주방에 물이 새서 바닥에 물이 흥건해요.
"네?"
"주방에 가서 보니까 바닥에서 물이 올라오고 있어요. 아마 배관이 터지거나 연결이 잘못된 거 같아요."
"제가 지금 바로 가서 확인해 보겠습니다."
"네, 빨리 와주세요."

다급한 목소리에 놀란 태민은 바로 고시원으로 향했다. 집 근처에 고시원을 열어 다행이라는 생각이 들었다. 급하게 나가 고시원으로 올라가자, 입실자 2~3명이 공용 주방 앞에 서 있었다. 태민이 다가가 보니 주방 한쪽 끝에서 조금씩 물이 계속 나오고 있었다. 원인이 무엇인지 살펴보려고 주방 구석구석 찾아봤지만, 그저 물이 나오는 곳만 알 수 있을 뿐 배관 자체는 보이지 않았기에 해결할 수 없었다. 일단 급한 대로 물을 퍼 올려 개수대에 버렸다.

주방의 턱이 높아서 물이 복도로 새 나가지 않은 것이 천만다행이었다. 만약 복도로 물이 새어 나갔다면 입실자 방으로 스며들어 갔을 것이었다. 생각만 해도 아찔했다. 아침 날이 밝자마자 태민은 본사 심평강 이사에게 전화를 걸어 상황을 설명하고 점검 수리를 요구했다. 심평강 이사는 바로 공사 소장에게 연락해 현장으로 가라고 하겠다고 답한 뒤 자신도 와보겠다고 했다.

물이 새어 나오던 곳에서는 이제 더 이상 나오진 않았다. 하지만 주방 싱크대에서 물을 쓰면 여지없이 벽면에서 물이 새어 나왔다. 입주자에게 양해를 구하고 하루만 싱크대를 쓰지 않도록 해야 했다.

오전 11시가 조금 넘어 도착한 현장 소장과 심 이사는 주방을 둘러보고 물이 새어 나왔던 부분을 한참 들여다봤다. 싱크대에 물을 틀어놓고 잠시 기다리니 벽면 쪽에서 다시 물이 새어 나왔다. 공사 소장은 물이 나오는 부분을 두드려보고, 잠시 지켜보더니 차에서 망치를 가져와 물이 새어 나왔던 곳을 깼다. 얇은 벽체가 부서지면서 배관이 보였다.

벽면을 조금 더 깬 소장은 배관을 계속 살펴보더니 이음새 부분의 접

착이 잘되지 않아서 한쪽으로 물이 샌다고 했다. 그러고는 바로 직원을 불러 수리하겠다고 말했다. 다행이었다. 큰 문제는 아니었고, 수리도 금방 가능했다.

같이 왔던 심 이사가 죄송하다고 사과하며 액땜한 셈 치자고 위로했다. 일부 실수가 있었으나 큰 문제가 아니라 정말 다행이라고 말하며 다시 한번 사과했다. 태민은 늦은 시간부터 지금까지 걱정하며 고시원에 잡혀 있었기에 화가 났으나, 연신 죄송하다고 사과하는 심 이사를 봐서 한번 참아 주기로 마음먹었다.

작은 소동 이후 2주가 더 지나자, 태민의 고시원은 점차 안정을 되찾았다. 입실자로 방이 모두 채워져서 수익에 대한 기대치를 높였다. 본사에서는 만실까지 보통 빠르면 1개월, 늦으면 3개월이 더 걸릴 수도 있는데 태민의 고시원은 1개월 보름 만에 다 찼다. 보통보다는 빠른 상태이고 성공적이라고 평가했다.

고무적인 것은, 괜찮은 지역일수록 처음 오픈하는 고시원이 빠르게 찬다는 것이었다. 첫 오픈 때 느리게 차는 곳은 이후에도 운영하는 내내 입실자 채우는 것으로 스트레스를 많이 받는다고 했다. 태민의 고시원은 지역 수요가 생각보다 더 풍부한 것 같다고 본사에서 말해 태민은 더욱 든든한 마음이 들었다.

기분 좋은 것도 잠시였다. 태민이 고시원 하는 게 생각보다 쉽다고 생각하던 차에 오픈한 지 3개월이 지나면서 초기에 입주했던 입실자가 한두 명씩 빠지기 시작했다. 어차피 계약기간을 정하지 않은 상태에서 입주한 사람들이라 언제 빠져도 빠질 것이었다.

그러나 처음 퇴실하겠다는 연락을 받았을 때 태민은 가슴이 내려앉는 느낌을 받았다. 당연했지만 당연하게 받아들이기가 어려웠다. 마지막까지 채워지지 않았던 마지막 방이 채워져 만실이 된 지 일주일 만에 첫 퇴실자가 발생한 상황이었다.

"저 407호 사는 사람인데요."

"아, 네. 무슨 일이세요?"

"저 내일 방 빼려고요."

"내일이요?"

"네… 일이 생겨서 다른 지역으로 이사를 가야 되거든요."

"원래 3일 전에 얘기해주셔야 하는데…."

"저도 일정이 갑자기 바뀌어서요."

"잠시만요. 확인 좀 하고 제가 연락드릴게요."

"(뚝)…."

요즘 젊은것들은 참 예의가 없다. 별거 아닌 한마디로 사람 감정을 상하게 하는 기가 막히는 재주를 갖고 있다. 태민은 화가 났지만 꾹 참았다. 407호를 확인해 보니 입주한 지 한 달 하고 이틀째였다. 그러잖아도 선불인 입실료를 아직 주지 않아서 문자를 보내려던 참이었다. 그나마 10만 원이라도 보증금을 받았으니 내일 나가면 아직 내지 않은 입실료 3일 치를 빼고 환불해 주면 되기에 다행이라는 생각이 들었다. 407호에 전화를 걸었다.

"네…."

"고시원 원장인데요. 확인해 보니 이번 달 입실료를 아직 안 내셨더라고요."

"……."

"그래서 내일 나가시면 이번 달 거주한 3일 치 7만 원을 빼고 보증금을 환불해 드릴게요."

"……."

"내일 언제쯤 나가실 건가요?"

"몰라요."

"내일 나가시는 거 확인하고 남은 보증금을 환불해 드려야 하니 대략이라도 시간을 알려주시면 좋겠는데요."

"아… 잘 모르겠어요. 오후쯤 나갈 것 같아요."

"그러면 나가시면서 연락 한번 주세요. 제가 확인해 보고 보증금 남은 거 드릴게요."

"네… (뚝)…."

진짜 울화통이 터져 미칠 뻔했다. '이런 쌍놈의 새끼'라는 말이 입 밖으로 튀어나올 뻔했다. 정신 수양한다는 생각으로 마음을 가다듬어 봤지만, 오른 성질이 쉽사리 가라앉지 않았다. 한참 뒤에야 정신을 차릴수 있었다. 그러면서 상대방은 아무 생각 없이 한 행동과 말일 텐데 혼자서만 성질낼 필요가 없다는 생각이 들었다. 쉽지 않겠지만 모든 거슬리는 말투나 상대의 행동에 감정을 담아 대응할 필요가 없다 싶었다.

그래봤자 상처받는 건 자신이었다. 최대한 감정 소모를 하지 않는 게 최선이었다. 그래야 이 일을 오래 할 수 있을 것이다.

아무튼 만실이 되자마자 네이버 검색광고를 중단했는데 다시 시작해야 했다. 빠르게 채울 욕심에 구글 애드워즈도 다시 시작했다. 일주일이 지났는데도 입실 문의가 오지 않았다. 조바심이 극에 달했을 때 또 한 명의 퇴실자가 나왔다. 입주한 지 채 한 달이 되지 않은 나이 많은 여성이었다. 입주할 때부터 입실료가 비싸다고 투덜대서 오래 있지 못하겠다고 생각하고 있었는데 느낌이 맞았다. 한 달만 겨우 채우고 나가는 것이다.

그렇게 앞선 공실이 채워지지 않은 상황에서 또다시 공실이 발생하자 공실률은 10%가 되었고, 수익률도 크게 내려갔다. 본사에서 배운 대로 온라인 광고를 하는데도 전혀 효과가 없었다. 초조함에 태민은 본사 홍 과장에게 연락했다. 태민의 하소연을 한참 듣던 홍 과장은 검색광고 키워드를 바꿔보자고 제안했다.

지금 검색광고의 키워드는 단가가 높아 노출도가 많을 듯하지만, 통하지 않는 걸 보면 비용만 잡아먹는 것 같다. 이에 홍 과장은 세부 키워드 여러 개를 새롭게 주고는 해당 키워드 중심으로 광고를 바꿔보자고 말했다.

다른 수가 없던 태민은 홍 과장의 의견을 따라 검색광고 키워드를 대폭 수정했다. 그리고 2~3일 지났을 때 다시 입주 문의가 들어오기 시작했다. 결국, 4일 만에 공실 2개에 다시 입주자를 채울 수 있었다. 다행이었다. 막힐 때마다 문의하고 의지할 수 있는 사람이 있다는 것이 큰 힘이 된다는 걸 다시 느꼈다.

"홍 과장님, 태민입니다."

"네, 원장님 어쩐 일이세요? 광고는 잘하고 계세요?"

"과장님 말씀대로 키워드를 바꿔서 광고하니, 입주자 문의가 바로 와서 다시 만실 채웠습니다."

"아휴… 축하드려요. 원장님이 광고를 잘하시네요."

"아유… 무슨 말씀을요. 과장님이 도와주시지 않았으면 아직도 헤매고 입실자 채우지 못했을 거예요. 감사드립니다."

"아니에요. 원장님이 잘하신 덕분이에요."

"진짜 과장님 아니었으면 광고비만 쓰고 헛고생할 뻔했어요."

"아, 그런가요? 그럼, 제 덕분이네요. 그렇다고 하죠. 뭐."

"감사드립니다. 다음에 본사 가면 다시 인사드릴게요."

"네, 원장님. 언제든 궁금한 거 있으면 연락해 주세요."

태민은 어느덧 고시원 운영 5개월 차가 넘은 원장님이 되었다. 고작 5개월밖에 안 되었지만, 스스로 생각에 5년은 지난 듯했다. 공실에 속 끓이며 애탔던 순간과 입실 계약을 하며 느꼈던 희열이 태민을 일희일비하게 했다. 그렇게 시간이 지나면서 태민은 퇴실과 입실을 반복하는 상황에 점점 더 익숙해졌다. 갑자기 공실이 늘어도 예전처럼 조급하지는 않게 되었다. 다시 빠르게 채워 넣어야 한다는 부담감은 가졌지만, 노력하면 곧 채워진다는 사실을 깨달았기에 조금만 더 느긋하게 생각하며 행동하자고 스스로 다짐했다.

태민이 아직도 익숙해지지 않는 것은 가끔 터져 나오는 입실자의 불만이나 AS 요청 건이다. 특히 얼마 전까지만 해도 반갑게 인사 나누던 입실자가 밤에 갑자기 전화를 걸어 옆방이 시끄럽다며 강하게 불만을 토로할 때는 태민도 무척 화가 났다.

고시원 시설에 뭔가 문제가 있거나 무료 제공 물품이 부족한 경우엔 간단하게 해결하고 대처가 가능했다. 하지만, 태민이 개입하기 애매한 입주자 간의 분란이나 옆방의 소음에 대한 불만은 진짜 어려운 문제였다. 좁은 공간에 여럿이 살기 때문에 가끔 있을 수 있는 소음은 어쩔 수 없었다. 아파트에 거주하는 사람들도 층간 소음으로 갈등을 겪는 게 다반사이니 말이다.

태민이 할 수 있는 건 그저 입실자 서로가 조심하도록 좀 더 강한 문구로 안내문을 붙이는 정도였다. 그래도 소음에 대한 민원이 계속되면 어쩔 수 없이 당사자에게 연락해 직접 말하는 게 최선이었다. 양 옆방에서 소음에 대한 불만을 제기하면 최악의 경우엔 당사자에게 강하게 말하고, 그래도 고쳐지지 않으면 퇴실시키는 수밖에 없었다.

고시원 운영 6개월 차에 태민은 입실자 두 명을 소음 문제로 퇴실시켰다. 본사에 물어보니 소음 문제가 고시원에 있어 예민하긴 하지만, 그렇게 흔하게 발생하는 것은 아니라고 했다. 그러면서 태민에게 입주하기 전에 좀 더 강력하게 얘기를 하는 것이 좋겠다고 조언을 해주었다.

그랬다. 고시원을 운영하게 되면 입실자의 여러 불만이나 민원 등에 대한 책임은 모두 원장에게 있다. 입실자 사이에 발생한 소음으로 인한 문제까지도 원장의 책임이었다. 고시원을 운영하며 사회생활을 처음부터 다시 하는 느낌이었다. 고시원을 직접 하기 전에는 20명의 입실자를 잘 관리만 하면 돈을 벌 거라고 단순하게 생각했는데, 운영 6개월이 넘어가며 깨달았다. 20명이 아니라 그 두 배인 최소 40명 이상이 들고 나가는 것을 관리해야 하고, 입실자 간에 분란이 일어나지 않도록 미리 잘 설명해야 한다. 그럼에도 분란이 일어나면 모든 것은 원장 탓이었다. 처음 생각했던 것과는 달라도 너무 달랐다.

평범했던 직장 생활과는 전혀 다른 세상이었다. 고시원은 그랬다. 그리고 태민도 점차 이 생활과 세상에 익숙해졌다.

공실률 관리 및 실전 운영 꿀팁

고시원의 수익 유지에는 공실률을 낮추는 전략이 필수적이다. 이를 위해서는 탄력적인 가격 정책과 적극적인 홍보가 필요하다. 고시원의 시즌별 수요 변동을 고려해 유연한 가격 정책을 운용하면 공실률을 효과적으로 낮출 수 있다. 적절한 가격 변동, 단기 임대 플랫폼 활용, 장기 거주자 대상 할인 혜택 제공 등 실제 운영에서 활용할 만한 내용을 예시로 적어보았다.

구분	내용
비수기 (여름 · 겨울 방학)	단기 임대 플랫폼 활용
성수기 (개강 · 취업 시즌)	4개월 단위 계약 유도
장기 거주자 혜택 프로모션	3개월 이상 거주 시 월마다 5만 원 할인 등

고시원의 공실률을 줄이려면 시즌별 마케팅과 입실자 후기를 적극 활용해야 한다. 공실률은 사전에 대비하는 것이 핵심이다. 시즌별 전략을 세우고, 가격과 홍보를 유연하게 운영하면 꾸준한 입실자를 확보할 수 있다. 공실률 관리를 위한 홍보 전략은 다음과 같이 세울 수 있다.

구분	내용
경쟁 고시원 조사	• 주변 고시원의 가격 및 시설 비교 분석 후 차별화 혜택 제공
시즌별 마케팅 전략	• 여름 : 더위 극복 강조, "개별 에어컨 완비, 공과금 걱정 NO!" • 겨울 : 따뜻함 강조, "난방비 무료, 전기장판 제공!"
리뷰 및 평판 관리	• 기존 입실자 후기 적극 활용 • 리뷰 작성 이벤트 진행

고시원 운영은 하루하루의 작은 관리가 쌓여 큰 성과로 이어진다. 특히나 공실률 관리 · 운영비 절감 · 입실자 만족도를 균형 있게 맞추는 것이 성공적인 운영의 핵심이다. 운영이 체계적으로 돌아가면 불필요한 리스크를 줄이고 장기적인 수익 안정화가 가능하다. 고시원을 안정적으로 운영하려면 정기적인 점검과 피드백 반영이 필수다. 효율적인 운영을 위해 매월 체크해야 할 필수 점검 사항을 정리해 보았다.

항목	내용
공실률	매월 공실률 파악 → 마케팅 전략 조정
운영비	공과금 (전기 · 수도 · 인터넷 등) 최적화
피드백	입실자 건의 사항 검토 후 반영

공실률이 20% 이상이면 마케팅 전략을 점검하고 채널 및 방법을 재조정해야 한다. 공용 공간 관리는 입실자 만족도에 큰 영향을 미친다. 운영비 절감을 위해서는 에너지 절약형 LED 조명 설치 등을 검토할 필요가 있다. 고시원 운영 중 자주 발생하는 문제를 미리 대비하면 운영 효율성이 높아지고 고객 불

만을 최소로 만들 수 있다. 다음은 운영 중 마주칠 수 있는 대표적인 문제와 해결 방법이다.

항목	내용
입실료 연체	• 입실 계약서에 '연체 시 패널티' 명확히 명시 • 연체 발생 시 사전 안내 후 법적 절차 진행 여부 검토
입실자 간 분쟁	• 사전 생활 규칙 설정 후 충분히 안내 • 분쟁 발생 시 중립적인 입장 유지, 경고 조치 후 해결 • 심각한 경우 즉시 중재 및 퇴실 조치 검토
시설 문제	• 고장 발생 즉시 대응하여 입실자 불편 최소화 • 시설 유지보수 업체와 긴급 대응 체계 구축 • 정기적인 점검 스케줄 수립하여 사전 예방 조치

시설 문제는 입실자의 신뢰와 직결되는 부분이므로 작은 고장도 방치하지 말 것을 명심하자. 입실자 간 갈등이 많다면 입실 전 생활 수칙을 더욱 구체적으로 안내할 필요가 있다. 입실자의 불만 사항은 빠르게 해결하고, 개선된 내용을 공지하면 신뢰도가 높아진다. 운영이 잘되는 고시원일수록 관리 시스템이 체계적이다. 문제 발생 전에 대비하고 피드백을 반영하는 것이 장기적인 성공의 핵심이다. 작은 관리 하나가 입실자의 만족도와 운영 효율성을 크게 좌우하므로, 항상 체크리스트를 점검하며 개선해야 한다.

고시원은
정말
해볼 만한
사업인가

17 고시원은 정말 해볼 만한 사업인가

고시원을 연 지 1년이 되었을 무렵, 태민은 보살이 되어 있었다. 어떤 입실자가 불만을 말하고 문제를 제기해도 감정을 섞지 않고 최대한 좋은 말로 대처하고, 즐겁게 문제를 풀어나갈 수 있게 되었다. 또 1년간 인테리어 했던 공사에서 여러 문제가 생겨 수시로 본사에 A/S를 요청하고 또 수리를 진행했다. 때로는 화가 나기도 했지만, 결국 허허 웃으며 기다릴 수 있는 인내를 익혔다.

가장 고무적인 건 더 이상 한두 개의 급작스러운 공실에도 더는 당황하지 않게 되었다는 것이다. 기다리다 보면 다시 채워지는 것을 자연스레 체득하게 된 것이다. 조바심을 내며 기다리든 온라인 홍보를 추가로 진행하며 느긋하게 기다리든 결과적으로 보면 다시 채워지는 데 걸리는 시간은 엇비슷했다. 차라리 느긋하게 마음먹는 편이 결과도 항상 좋았다.

여전히 갈 길이 멀지만 만족스러웠다. 적어도 직장 다닐 때보다는 적은 스트레스를 받았다. 또 일주일에 2~3번 정도만 고시원에 방문해 청소하고 점검을 해도 충분하다고 했지만, 태민은 여전히 매일 고시원에 나가 청소하고 시설을 점검했다. 그렇게 해도 하루에 한 시간이면 충분했다. 그러니 직장에 하루 8~9시간 매여있는 것에 비해 터무니없이 적은 시간을 일하는 셈이다. 한 시간만 고시원에 신경 쓰면 나머지는 모두 자유 시간이었다.

게다가 수입은 직장 다닐 때보다 30% 이상 높아졌다. 직장 다닐 때는 상여금이 언제 나오는지 금액이 얼마인지에 집착하기도 했다. 매월의 급여가 한정돼 있어 그랬다. 하지만 지금은 공실이 채워지는 순간마다 보너스를 받는 느낌이다. 공실은 매달 생기는 편이니, 태민도 매달 보너스를 받는 셈이었다.

고시원을 하며 누구는 인간에 대한 환멸을 느낀다고 했지만 태민은 달랐다. 오히려 고시원을 하며 인생이 살 만하다고 느끼게 된 것이다. 아주 가끔은 기분 나쁠 정도로 막말을 퍼붓는 사람도 있었다. 당시에는 엄청나게 화가 났지만, 지나고 보면 그 사람의 수준 자체가 낮았을 뿐이라는 걸 깨달았다. 그런 것에 휘말려 같이 감정을 소모할 필요가 없었다. 그런 사람을 다루면서 태민은 스트레스를 받지 않도록 노력했다. 오히려 그런 사람을 동정하며 더 친절하게 행동하려고 노력했다. 노력한다고 해서 당장 변하지는 않지만, 스스로 스트레스를 받지 않기 위해선 그게 최선이었다. 화내는 입실자에 맞서서 같이 화를 낸다고 해도 결국은 퇴실로 이어지고, 태민의 수익만 줄어드는 꼴이었다.

태민은 고시원 운영 만 1년이 되었을 무렵 지난 1년간에 대한 수익률과 실제 수익을 계산해 보고, 다시 한번 감사한 마음을 가졌다. 직장 생활만 했다면 절대 경험하지 못했을 다양한 경험을 수많은 입실자를 통해 할 수 있었다. 그에 더해 직장 생활보다 많은 수입을 가질 수 있어서 더욱 좋았다.

고시원을 오픈하고 초기 3개월간은 입실자를 모으기 위해 온라인 홍보비용을 꽤 지출했기에 예상보다는 수익이 크지 않았다. 그 시간이 지나고 어느 정도 안정화를 이룬 뒤에는 매달 수입이 거의 일정하게 유지되고 있었다. 누구에게는 소박한 수입일지 몰라도 태민에게는 스스로 노력해 만들어낸 결과라서 무엇보다 소중하게 느꼈다.

첫 고시원 투자가 나름의 작은 성공을 거두며 안정기에 접어들어서 하나 더 하고 싶은 욕심이 생겼다. 고시원 오픈 초기에 태민의 지인들이 고시원 사업 어떤지 물었을 때 명확하게 답하기 어려웠다. 태민 자신도 사업을 괜찮게 안정시킬 수 있을지 확신이 없었기 때문이다. 그런데 지금은 다르다. 누군가 고시원 사업이 어떤지 묻는다면, 고시원은 참 유망한 1인 주거 공간 사업이기에 누구보다 앞장서 괜찮은 창업 아이템이라고 말해 줄 수 있다.

그렇게 고시원을 운영하며 원장의 생활에 조금씩 익숙해지고, 타성에 스며드는 듯한 느낌이 왔을 무렵이었다. 본사로부터 전화가 걸려 왔다.

"네, 태민입니다."

"안녕하세요, 원장님. 본사 이상규 과장입니다."

"아, 예. 과장님 오랜만입니다. 잘 지내세요?"

"네, 잘 지내고 있습니다. 원장님, 고시원 잘 되신다면서요? 축하합니다."

"감사합니다. 그런데 무슨 일로….""

"네, 실은 원장님 고시원에서 1.2km 정도 떨어진 곳에 고시원 할 만한 괜찮은 건물이 나왔는데요. 저희 최근에 가맹하신 분이 있는데 그분이 원하던 1순위 지역은 아니지만, 그래도 건물이 좋아서 그 분에게 소개해 드릴까 하고요."

"아… 그런가요?"

"네, 근데 원장님 고시원이 마음에 걸려 먼저 양해를 구할까 싶어서 연락드렸습니다."

"저희 가맹 계약에 가맹권역 거리 제한이 1km 안 되는 거 같던데….""

"네, 고시원 반경 800m로 되어 있습니다. 그 거리는 벗어나고, 입실자의 동선이 겹치는 것은 아닌데요. 그래도 근처에 같은 브랜드가 입점할 수도 있어서 원장님께 먼저 말씀드리는 게 맞다 싶어서요."

"아… 그렇군요. 어쨌든 먼저 알려주셔서 감사합니다."

말로는 감사를 표했으나 그리 썩 기분 좋은 연락은 아니었다. 그럼에도 가맹점 간 거리 제한의 범위 밖에 있는 걸 두고 굳이 연락을 준 것에 고마운 마음이 들었다. 처음 임대차 계약을 할 때 이상규 과장이 도와주며 주변 분석을 잘해줘서 좋은 건물로 고시원을 시작한 것에 감사함 또한 느꼈다.

"제 권역 밖이니 저도 괜찮습니다. 감사드립니다, 과장님."

"네, 원장님. 양해해 주셔서 감사합니다. 그럼, 가맹점주님에게 보여드리고 진척이 되면 다시 한번 연락드리도록 하겠습니다."

"네, 알겠습니다."

"그럼, 다음에 다시 연락드릴게요. 수고하세요."

"아… 과장님?"

"네?"

"저기… 뜬금없지만 그 괜찮다는 건물이요."

"네, 말씀하세요."

"진짜 괜찮은가요?"

"네. 원장님이 운영하고 계신 고시원 정도는 될 것 같아요."

"그런가요? 저도 관심이 가는데 혹시 저도 구경해 볼 수 있을까요?"

"원장님이요? 하나 더 하실 생각이 있으세요?"

"네. 당장은 돈이 없기는 하지만, 좋은 물건이 있으면 없다가도 생기는 게 돈이니까요."

"아… 그야 뭐…."

"물론 먼저 연락한 가맹점주분에게 우선권이 있기야 하겠지만, 그분이 원한 1순위 지역은 아니라고 하니까요. 만약 그분이 보고 관심이 없거나 결정 못 하시면 저도 한 번 기회가 있으면 좋겠다는 생각이 들어서요."

"그러세요?"

"네. 안 그래도 돈이 있으면 하나 정도 더 해봐도 좋겠다고 생각하고 있기는 했던 참이라서요."

"아, 네. 무슨 말씀인지 알겠습니다."

"물론 당장은 돈이 없어서 본사에 말씀드리지 못하고 있었는데, 좋은 물건이면 도전해 보고 싶네요. 그리고 어차피 고시원하기 적당한 건물이라면 다른 경쟁자가 들어와서 하는 것보다 제가 직접 하는 게 제 입장에서는 가장 좋지 않을까 싶어요."

"물론 그렇죠. 지금 운영하는 곳과 가까운 곳이니 한 곳에 입실자가 다 차면 자연스럽게 다른 곳으로 입실자를 안내할 수도 있고요."

"아, 그렇죠. 그렇게만 되면 정말 좋겠네요."

"그럼, 일단 그분과 건물을 먼저 보고 난 뒤 원장님께도 안내해 드리겠습니다."

"네. 저는 그분이 안 하신다고 하면 적극적으로 검토하겠습니다."

"네, 알겠습니다. 연락드리겠습니다. 감사합니다."

그렇게 통화를 끝낸 뒤 태민은 가슴이 뜨거워졌다. 건물이 진짜 괜찮다면 해보고 싶었다. 돈이 없지만, 말한 대로 돈은 있다가도 없고, 없다가도 있을 수 있으니 일단 저질러 보자는 생각이 들었다. 한 번 해봤으니 두 번째는 더 잘할 자신도 있었다. 그렇게 태민은 새로운 도전 의지를 채우고 있었다.

며칠 뒤 본사 이 과장에게서 연락이 왔다. 가맹점주와 건물을 봤는데 맘에 들어 하시기는 했지만, 사시는 곳과 너무 멀어 안 하기로 했다는 것이다. 그분은 직장을 다니고 있어 주중에 한두 번 방문해 고시원을 점검하고 청소하는 부분이 힘들 거 같다면서 거절하셨다고 한다.

그렇게 기회가 다시 태민에게 찾아왔다. 태민은 이 과장과 함께 건물을 둘러보았다. 딱히 흠잡을 건 없었다. 다만 지하철역과의 거리가 500m 정도 떨어져 있는 것이 유일하게 아쉬운 점이었으나 괜찮았다. 건물을 둘러보고 나오는 길에 태민은 이 과장의 얼굴을 보고 만족스러운 웃음을 지어 보였다. 이제 다시 시작이다.

고시원 창업 10문 10답

① 고시원 창업에 필요한 초기 비용은? (4. 고시원 창업 준비 참고)

고시원 창업 비용은 대략 2~5억 원 정도가 필요하다. 지역, 규모, 시설 수준에 따라 천차만별이기 때문에 참고용으로만 보는 게 좋다. 기존 고시원을 인수할 시에는 리모델링 비용을 최소화할 수 있어 비교적 낮은 초기 비용으로 운영을 시작할 수 있다.

구분	내용	예상 비용
임대 보증금	입지 및 건물 상태 따라 상이	3천만 원 ~ 1억 원
인테리어 및 설비	공사 비용, 가구 설치 등	1억 원 ~ 4억 원
운영 비용	임대료, 공과금, 마케팅 등	300만 원 ~ 1천만 원
기타 비용	법무, 행정 처리 등	500만 원

② 고시원 창업 시 가장 중요한 요소는? (2. 고시원 창업 사례 분석 참고)

하나만 꼽자면 부동산이라는 특성상 역시나 입지가 가장 중요하다. 역세권, 대학가, 직장가 등 주거 수요가 많고 유동 인구가 많은 곳일수록 좋다. 다만 주변에 경쟁 고시원이 너무 많은 지역이라면 마케팅 비용으로만 다달이 수백이 깨질 수 있으니, 주거 수요는 있어 보이지만 경쟁자는 적은 최대한 이상적인 곳을 찾아보자.

③ 고시원 사업과 일반 임대 사업의 차이점은? (11. 고시원을 해야 하는 이유 참고)

간단하게 단기 임대와 장기 임대 차이이며, 수익률만 따지자면 고시원이 압승이다. 동일한 면적에 사업을 진행한다면, 고시원이 일반 임대 사업에 비해 굉장히 높은 수익률을 자랑한다. ㈜휴식이 운영하는 고시원을 기준으로 볼 때 동일 지역에 동일 금액을 투자했을 경우 수익률은 평균 4~5배 차이가 나고 있다.

④ 고시원 운영 시 월평균 수익은? (9. 고시원 수익 구조 참고)

일반 고시원은 방당 입실료 30~50만 원, 프리미엄 고시원의 경우 70만 원 이상이기도 하다. 건조기 사용료, 자판기 운영, 각종 추가 서비스 등의 부가 수익 모델을 적극 활용한다면 수익을 더욱 극대화할 수 있다.

⑤ 공실률 줄이는 방법은? (18. 공실률 관리 방안 참고)

첫째로, 초기 마케팅이 중요하다. 입지별 특성에 맞는 마케팅 전략을 수립해서 진행해야 한다. 둘째로, 장기 거주자 유치에 힘써야 한다. 마지막으로, 입실자 맞춤 서비스 등 시즌별 공실률 관리가 필요하다.

⑥ 고시원 창업 시 반드시 확인해야 할 법규는? (6. 고시원 관련 법규 참고)

고시원 창업 시에 필수적으로 지켜야 할 법규로 소방법과 건축법이 있다.

필수는 아니지만 참고용으로 임대차보호법을 확인해 보는 것도 추천한다.

구분	내용
소방법	• 스프링클러, 화재감지기, 방염 도료 사용 • 출입구 및 비상구 기준 준수
건축법	• 고시원 용도로 신고 여부 • 채광 및 환기 시설 기준 충족 여부
임대차보호법	• 임차인이 받을 수 있는 권리와 임대인의 의무 • 임대료 연체 및 계약 불이행 관련 조항 명확히 설정

⑦ 고시원 인테리어에서 가장 중요한 점은? (14. 인테리어 공사 일정 참고)

방음, 화재안전, 공간활용 극대화 총 세 가지가 있다. 그 어떤 상황에도 고시원은 누군가의 생활공간이라는 점, 그리고 입실자 안전이 최우선이라는 점을 기억하자.

구분	내용
방음	• 벽간 소음 최소화를 위한 방음재 사용 • 이중창 등으로 틈새 소음 차단
화재안전	• 비상구 및 피난 통로 확보 • 방염 소재 벽지 및 가구 사용
개인공간 및 공용공간의 균형	• 개인 공간은 적절한 크기의 침대와 수납공간 확보 • 공용 공간은 최대한 쾌적하게 유지

8 고시원 창업 후 만실 달성 기간은? 안정적인 운영까지 얼마나 소요되는가?
(17. 초기 입실자 모집 방법 참고)

창업 직후 첫 만실 달성은 평균 1.5개월 정도 소요된다. 마케팅, 입실자 응대, 시설 관리 등 안정적인 운영이 이루어지는 시기는 천차만별이긴 하나 평균적으로는 6개월~1년 정도로 본다.

9 고시원 운영 시 가장 신경 쓸 점은? (19. 실전 운영 꿀팁 참고)

고시원 운영에서 가장 중요한 것은 입실자 관리와 시설 유지보수다. 입실자와 원활한 커뮤니케이션을 위해 시스템을 구축하고, 문제 발생 시 즉각 대응하는 것이 만족도를 높이는 가장 확실한 방법이다. 더불어 시설 관련 문제가 발생하면 어렵게 채운 입실자도 빠져나갈 수 있으므로 정기적인 점검을 통해 사전에 문제 발생 가능성을 차단해야 한다. 복도, 주방, 세탁실, 분리 수거장 등 공용 공간을 깔끔하게 유지하는 것은 몇 번을 강조해도 모자란 부분이다. 입실자는 물론 룸 투어를 위해 방문하는 예비 입실자의 경우, 입구에서부터 맞이하는 분위기, 냄새, 시각적인 자극으로 해당 고시원에 대한 첫인상이 결정되기 때문이다..

10 창업 시 개인과 가맹 중 무엇이 더 유리한가? (7. 고시원 창업 업체 참고)

고시원 운영 경험이 있다면 개인 창업을 진행해도 괜찮겠지만, 고시원 운영이 처음인 초보자라면 가맹 창업이 적합하다. 온라인에서 조금만 조사해 봐도 감이 올 것이다. 고시원 창업 정보가 생각보다 폐쇄적이기도 하고 가맹 창업 진행 시 본사에서 거의 모든 일을 도맡아 진행하기 때문에 주요 결정 단계를 제외하고는 따라가면서 배우기만 하면 된다. 아, 물론 그 중요한 결정 단계도 어떻게 진행하면 좋을지 추천해 주니까 벌써 걱정하지 말고. 운영 매뉴얼, 마케팅 전략, 심지어 입실자 관리툴까지 올인원으로 제공하는 곳도 있다. 어디냐고? 네이버에 '주식회사 휴식'을 검색해 보면 된다.

부록

고시원 창업의 마지막 조언
경험 있는 파트너를 선택하라

1인 가구 천만 시대, 고시원은 단순한 주거 대안을 넘어 '작은 공간 속 새로운 라이프스타일'을 제안하는 형태로 진화했다. 과거엔 임시 거처나 열악한 환경으로 인식되던 고시원이, 이제는 도심형 소형 레지던스로 탈바꿈하면서 새로운 주거 트렌드를 이끄는 중이다. 특히 교통 접근성과 편의시설을 갖춘 합리적인 주거 옵션으로 자리 잡으며, 젊은 층 1인 가구 사이에서 지속적인 수요를 만들어내고 있다.

이러한 변화는 창업 시장에도 큰 영향을 미쳤다. 고시원이 자영업 시장에서 새로운 창업 아이템으로 주목받게 된 것이다. 수익성이 예측할 수 있고, 인건비 부담이 적으며, 폐업률이 낮은 구조는 타 업종과 비교해 분명한 경쟁력을 갖춘다. 예를 들어 서울시 자영업 5년 생존율을 살펴보면, 고시원(휴식 레지던스 기준)은 100%에 달하지만, 헬스장(13.5%), PC방(42%), 대형 카페(47%) 등은 절반에도 미치지 못한다.

그러나 고시원 창업은 절대 간단하지 않다. 공간만 마련하면 끝나는 것이 아니라, 상권 분석, 부동산 계약, 법적 기준 검토, 리모델링 공사, 인허가 절차, 입실자 모집까지 수많은 요소를 꼼꼼히 준비해야 한다. 실제로 많은 예비 창업자가 이러한 과정에서 많은 시행착오와 어려움을 겪는다. 이 책을 통해 고시원 창업의 개요를 파악했다면, 이제 남은 건 '어떻게 시작할 것인가'에 대한 선택이다.

최근에는 고시원 창업 및 컨설팅 전문 기업이 등장하는 추세다. 그 중 '휴식(HUESIK)'은 10년 이상의 직영점 운영 경험을 바탕으로 고시원 창업 전 과정을 시스템으로 만든 브랜드로, 수도권 중심 20여 개 지점을 직접 기획 및 운영해 오고 있다. 「㈜휴식」은 상권 분석부터 설계, 공사, 입실자 유치, 운영 시스템 구축까지 원스톱 설루션을 제공하면서 창업자가 처음부터 끝까지 리스크를 최소로 할 수 있도록 돕는다.

「㈜휴식」의 창업 모델은 약 3억 원 내외의 예산으로 설계되어 있으며, 건물 매입이 아닌 임대 방식으로 시작할 수 있다. 예를 들어 70평 규모 기준, 보증금 약 5천만 원, 공사비 약 2.8억 원, 기타 행정비 수백만 원 정도로 창업이 가능하다. 실제 사례 중에서는 약 2.75억 원을 투입해 연 매출 1.2억 원, 순수익 약 7천만 원을 기록한 지점도 존재한다. 이는 서울 오피스텔의 평균 수익률(5%) 대비 5배 수준으로, 고시원이 수익형 부동산 이상의 사업형 자산으로 평가받는 이유다.

무엇보다 창업 이후의 운영까지 함께 고려한다는 점이 타 업체와 비교해 「㈜휴식」의 가장 큰 차별점이다. 스마트 운영 시스템과 실무 중심의 교육, 지점별 마케팅 전략까지 전반적인 지원이 이루어진다. 입·퇴실 관리, 수납, 고객 응대 등 실제 운영 노하우도 함께 전수하기 때문에, 처음인 사람도 부담 없이 시작할 수 있다. 만약 직접 운영이 어려운 경우, 위탁 운영 서비스를 통해 본사 운영팀이 실질적인 관리를 대행해 주는 옵션도 있다.

또 하나의 강점은, 「㈜휴식」이 자체 개발한 고시원 전용 플랫폼 〈고시락〉 앱이다. 현재까지 약 20만 다운로드를 기록한 이 플랫폼은 신규 지점 입실자 유입에 큰 역할을 하며, 초기 마케팅 비용을 줄이는 데도 효과적이다. 위치 기반 검색 기능을 통해 사용자가 원하는 지역의 고시원을 손쉽게 찾을 수 있어 입실 전환율 또한 높은 편이다. 온라인 기반의 고객 접점이 중요해진 시대에, 자체 유입 채널을 확보한 프랜차이즈는 분명한 차별점을 가진다.

프랜차이즈라고 해서 모든 지점을 획일적으로 짓는 것은 아니다. 「㈜휴식」은 각 지점의 지역 특성과 건물 구조에 맞춰 맞춤형 전략을 수립하고, 개별 지점은 독립적으로 운영한다. 동시에 본사의 운영 노하우와 브랜드 신뢰도를 공유함으로써, 지점별 경쟁력과 안정성을 동시에 확보하는 구조다. 고시원 창업으로 장기적인 자산을 형성하기 위해서는 '하드웨어(공간)'와 '소프트웨어(운영)'가 함께 설계되어야 한다.

고시원 창업은 단순히 방을 채우는 일이 아니다. 입실률에 기반한 고정 수익 구조를 명확히 이해하고, 매출 · 고객 · 시설 · 법규 등 다양한 요소를 종합적으로 고려한 전략이 필요하다. 이렇게 실질적인 운영 전략까지 갖춘 창업 모델은 흔치 않다. 이제는 '운이 좋으면 된다'는 막연한 기대 대신, '철저히 준비한 전략이 있다'는 자신감을 가질 시점이다. 창업의 시작부터 운영, 그리고 이후의 성장을 함께 고민할 수 있는 파트너를 만난다면, 그만큼 든든한 출발도 없을 것이다.

창업 상담 문의 **1661-5799**
홈페이지 **huesik.co.kr**
이메일 **amooz@huesik.co.kr**